W0209871

Mémoire des rues

PARIS 3^{e}

ARRONDISSEMENT

1900-1940

Meryam Khouya

PARIGRAMME

SOMMAIRE

AVANT-PROPOS
RENDRE LEUR MÉMOIRE AUX PARISIENS

À l'automne 2003 paraissaient les premiers volumes de la collection Mémoire des rues, appelée à accueillir – ce sera chose faite en 2010 – autant de titres que Paris compte d'arrondissements. Son intention était de jouer les "passeuses de mémoire", c'est-à-dire d'offrir des images donnant un reflet de la ville et de ses arrondissements tels qu'on ne les connaît plus. Le tableau d'un héritage, en somme, qui, de monuments en commerces, de théâtres en cinémas ou de bistrots en restaurants, a façonné le visage de Paris. Tous les âges, toutes les générations y ont laissé leur empreinte. La rue, théâtre de la comédie urbaine, dérive d'ailleurs du latin *ruga* qui veut aussi dire ride ; c'est bien le génie de la langue que d'avoir associé aux sillons creusés par la vie ceux modelés par l'Histoire.

La rue n'est pas ou plutôt n'a pas toujours été un simple axe de circulation mais plutôt un lieu de vie, de rencontres et d'expression. Et dans les quartiers populaires – car, aussi étrange que cela puisse nous sembler aujourd'hui, Paris fut une ville populaire – cette animation et cette proximité prenaient tout leur sens : dans les cahots de la vie, le proche ce n'était pas toujours un frère, un oncle ou un cousin, mais le plus souvent un voisin. Lequel pouvait se montrer fraternel dans les moments difficiles, disponible, accueillant au besoin. C'est ainsi que Paris fut la grande ville qui sut intégrer des bataillons entiers de nouveaux venus ayant quitté leur campagne ou leur pays pour converger vers les rives de la Seine. Cette rue animée, vivante, dont on entend presque la rumeur et dont on croit percevoir la couleur, nous la découvrons immortalisée dans les photographies anciennes qui suivent.

Il n'est pas anodin de relever qu'elles ont été patiemment rassemblées par la Photothèque des Jeunes Parisiens, qui s'est également employée à composer l'ouvrage que vous avez en main ainsi que les dix-neuf autres de la collection. Cette entreprise n'aurait pas existé sans la générosité, l'intelligence et la capacité d'entraînement d'un homme qui en a été le maître d'œuvre. Lui rendra-t-on assez hommage? Bien plus qu'un travailleur social, Jean-Louis Celati – plus Parigot tu meurs! – a été un repère pour des jeunes dont le parcours connaissait plus de zigzags que de lignes droites. C'est lui qui a eu l'idée de mobiliser leur énergie et leurs talents dans cette aventure éditoriale. Il a été aidé en cela par son complice Lionel Mouraux. Tous deux avaient publié chacun de leur

côté aux éditions Parigramme et il était sans doute dans l'ordre des choses que nous nous retrouvions pour cette nouvelle édition.
Les promoteurs et animateurs de la *Mémoire des rues* n'ont jamais voulu cultiver la nostalgie du passé mais plutôt mettre en évidence le rôle social de la rue, s'inscrire dans une histoire collective dont la méconnaissance fragilise les identités. Ils entendaient également impliquer les jeunes dans toutes les étapes d'une réalisation concrète nécessitant d'échanger avec d'autres, de nourrir un lien social. Car c'est bien, en définitive, tout ce qui compte : mettre les rapports humains au cœur de la vie urbaine. Hier comme aujourd'hui. "Histoire, proclame Jean-Louis dans un grand rire, de faire durer le plaisir !"

LES INSTANTANÉS DE LA RUE

Les photographes ambulants ont envahi les rues de Paris au tout début du siècle dernier. Cette époque correspond à l'extraordinaire engouement populaire pour la carte postale. Quoi de plus amusant et de plus valorisant que d'envoyer son commerce, son portrait ou sa "bobine", comme on disait à l'époque, en photographie? Ces petites merveilles étaient appelées "cartes-photo" ou "photo-cartes" car elles étaient tirées sur du papier de carte postale à un très petit nombre d'exemplaires.

Les Parisiens vivant à cette époque davantage dans la rue que chez eux, le succès a été si grand que pas une rue, pas une boutique n'a échappé à l'œil des photographes. Ces documents de famille sont émouvants car ils possèdent tous leur histoire. Ce sont des témoignages précieux de la vie des rues du Paris de la première moitié du XXe siècle. Les cartes-photo sont rares, et nous sommes heureux de pouvoir vous en présenter de très nombreuses dans cet ouvrage qui est, entre autres, un hommage au travail des photographes ambulants qui ont enrichi considérablement le patrimoine photographique parisien.

CHIFFRES DE LA POPULATION DU 3E ARRONDISSEMENT DE PARIS DE 1901 À 2011

ANNEES	POPULATION TOTALE
1901	90 230
1906	87 050
1911	86 811
1921	77 627
1926	74 389
1931	70 971
1936	66 233
1962	62 680
1968	56 252
1975	41 706
1982	33 990
1990	32 226
1999	30 675
2011	36 848

INTRODUCTION

Le 3e arrondissement se présente sous la forme d'un hexagone irrégulier bordé à l'ouest par les trottoirs du boulevard de Sébastopol, large fleuve populaire qui vient se jeter au nord sur le boulevard Saint-Denis pour former ce carrefour dénommé "Strasbourg-Saint-Denis", où il semble que tous les quartiers de Paris se soient donné rendez-vous. De ces Grands Boulevards enchanteurs et si souvent chantés, la pointe nord-ouest est reliée à la place de la République, par les boulevards Saint-Denis et Saint-Martin.
À l'est, il est bordé par le boulevard du Temple, vestige du boulevard du Crime qui n'en finit pas d'attendre le retour de ses Enfants du Paradis, et par les boulevards des Filles-du-Calvaire et Beaumarchais jusqu'à la hauteur de la rue du Pas-de-la-Mule. Sa frontière sud, qui le sépare du 4e arrondissement, est constituée par cette dernière voie et par la rue des Francs-Bourgeois, bordée de riches demeures aristocratiques, ces hôtels particuliers du Marais qui sont autant de pierres précieuses et de témoignages émouvants d'un passé prestigieux – et dont beaucoup sont devenus des musées. Et enfin par la rue Rambuteau qui, en se rapprochant du boulevard de Sébastopol, devenait un cours des Halles où les marchandes de quatre saisons, armées de leurs pittoresques "crainquebilles", tenaient le haut du pavé.

Ce périmètre correspond à une partie de la capitale qui commença à se construire dès le XIIIe siècle, entre l'enceinte de Philippe Auguste et celle de Charles V; la première laissait en dehors de Paris tout ce qui est au-delà, vers le nord-est de la rue des Francs-Bourgeois. La seconde, représentée aujourd'hui par la rue Meslay et la ligne des boulevards jusqu'à la Bastille, enferma donc cet espace chargé d'histoire. Une histoire qui trouve sa source aux origines les plus anciennes de la rive droite et qui a marqué les quatre quartiers qui forment l'arrondissement : le quartier des Arts-et-Métiers, le quartier des Enfants-Rouges, le quartier des Archives et enfin le quartier Sainte-Avoye.

C'est dans cette portion de la capitale que nous vous proposons une promenade, un noble et ravissant voyage au début du siècle dernier. Car, n'hésitons pas à dire : le 3e arrondissement est une "perle" de la capitale. Par la taille c'est l'un des plus petits puisque, sur les 10 539 hectares de la ville, il n'en occupe que 117. Mais par son histoire, sa beauté et son charme unique, c'est l'un des plus grands. Bien qu'il puisse s'enorgueillir de renfermer le haut Marais "aux cent hôtels particuliers", une grande partie des Grands Boulevards, le plus ancien marché alimentaire (le marché des Enfants-Rouges), ainsi que des églises, dont pour certaines l'origine remonte au Moyen Âge, une synagogue bicentenaire, le Conservatoire des arts et métiers installé dans l'ancien prieuré de Saint-Martin des Champs, les Archives nationales situées dans le grandiose palais Soubise et le musée d'Histoire de la Ville de Paris installé dans le magnifique hôtel Carnavalet, ce n'est pas cela qui rend l'arrondissement aussi charismatique. C'est cela et le reste. Le reste, c'est le résultat d'une miraculeuse alchimie constituée de pierres, de bruits, d'odeurs, de noms, de mots et de présence invisible appartenant à l'histoire.

Son charme, ce sont les rues qui portent le nom des anciennes provinces et comtés de France depuis le roi Henri IV: rue du Perche, rue de Bretagne, rue de Normandie, rue de Saintonge... c'est l'odeur de ses cages d'escalier, de ses ateliers laborieux, de ses cours antiques. C'est la présence de ces rues tortueuses où le linge pend aux fenêtres. C'est celle de son église médiévale qui semble perdue au milieu du carrefour et se demande ce qu'elle fait là. Ce sont les terrasses bruyantes des brasseries de la place de la République, les petits bars de la rue du Temple, les bonneteries de la rue Saint-Martin, les bougnats discrets de la rue Vieille-du-Temple. Tout cela forme un murmure d'histoire et d'élégance.

Mais son charme suffit-il à faire de l'arrondissement "une perle" de la capitale? Non bien sûr, on reconnaît un grand arrondissement tout d'abord à l'intérêt que lui portent les artistes, les érudits, les touristes. Pour notre arrondissement, cela n'est plus à prouver. Mais on reconnaît un grand arrondissement aussi à l'attachement que lui portent les Parisiens.

Être attaché à son quartier, c'est naturel. Surtout ici où les lieux sont si marqués et si marquants. Comment ne pas être attaché à l'arrondissement quand nos plus anciens souvenirs d'enfance sont ceux des moments passés les jeudis après-midi dans le square du Temple à l'ombre de la statue de Béranger ou dans ses balançoires métalliques vert bouteille? Comment ne pas l'aimer quand on a vu son premier western au Far-West, au Picardy, au Béranger, au Bosphore ou au Palais des Arts et reçu ou donné son premier baiser dans ces cinémas de quartier, grands comme des tirelires? Comment ne pas le chérir quand on a joué aux billes passage Molière ou à cache-cache cour de Rome?

Aimer le 3ᵉ arrondissement, c'est avoir usé ses fonds de culotte à la communale de la rue des Filles-du-Calvaire, avoir fait sa première communion à l'église Sainte-Élisabeth ou sa bar mitzvah à la synagogue de la rue Notre-Dame-de-Nazareth et avoir reçu en cadeau sa première montre fabriquée par un horloger de la rue de Bretagne. Aimer le 3e arrondissement, c'est avoir acheté sa première robe ou son premier costume au Carreau du Temple, avoir acheté son premier poste de télévision d'occasion chez Jack Drat, le petit réparateur de la rue Vieille-du-Temple. Aimer le 3e arrondissement, c'est aussi avoir connu les noms et surnoms de toutes les marchandes de quatre saisons de la rue Rambuteau, être resté accoudé des matinées entières sur des appuie-fenêtre tricentenaires en fer forgé à respirer l'air de la rue, le café-crème du bougnat d'en bas, l'odeur âcre de l'atelier de dorure d'en face. Aimer le 3e arrondissement, c'est aussi avoir battu la semelle sur les Grands Boulevards tous les dimanches après-midi de sa jeunesse au son de l'accordéon venu de la terrasse du café de la Croix de Malte. Aimer le 3e arrondissement, c'est aimer ses commerces si particuliers, ses bimbeloteries, ses "articles de Paris", ses boutiques de farces et attrapes où les masques figés dans les vitrines constituaient nos premières frayeurs enfantines. Aimer le 3e arrondissement, c'est aussi et surtout lui être reconnaissant de ce qu'il apporte à la capitale. C'est savoir que sans lui Paris ne serait pas tout à fait Paris. C'est la reconnaissance suprême de son héritage. Un héritage qui appartient à tous les Parisiens : l'héritage des humbles si utile au peuple. C'est quand parfois le présent nous déçoit et que l'avenir nous préoccupe, être réconforté par les traces de son passé à la fois glorieux et populaire. Car de cette partie de la capitale que la pioche des démolisseurs s'est quelquefois obstinée à défigurer, nous adorons les restes. C'est un héritage qui n'a pas de prix et qui nous réconcilie avec la vie car il n'y a pas d'avenir sans mémoire. Vous l'aurez deviné, si vous ne le saviez déjà : nous sommes tous des enfants du 3e arrondissement !

TROISIÈME ARRONDISSEMENT

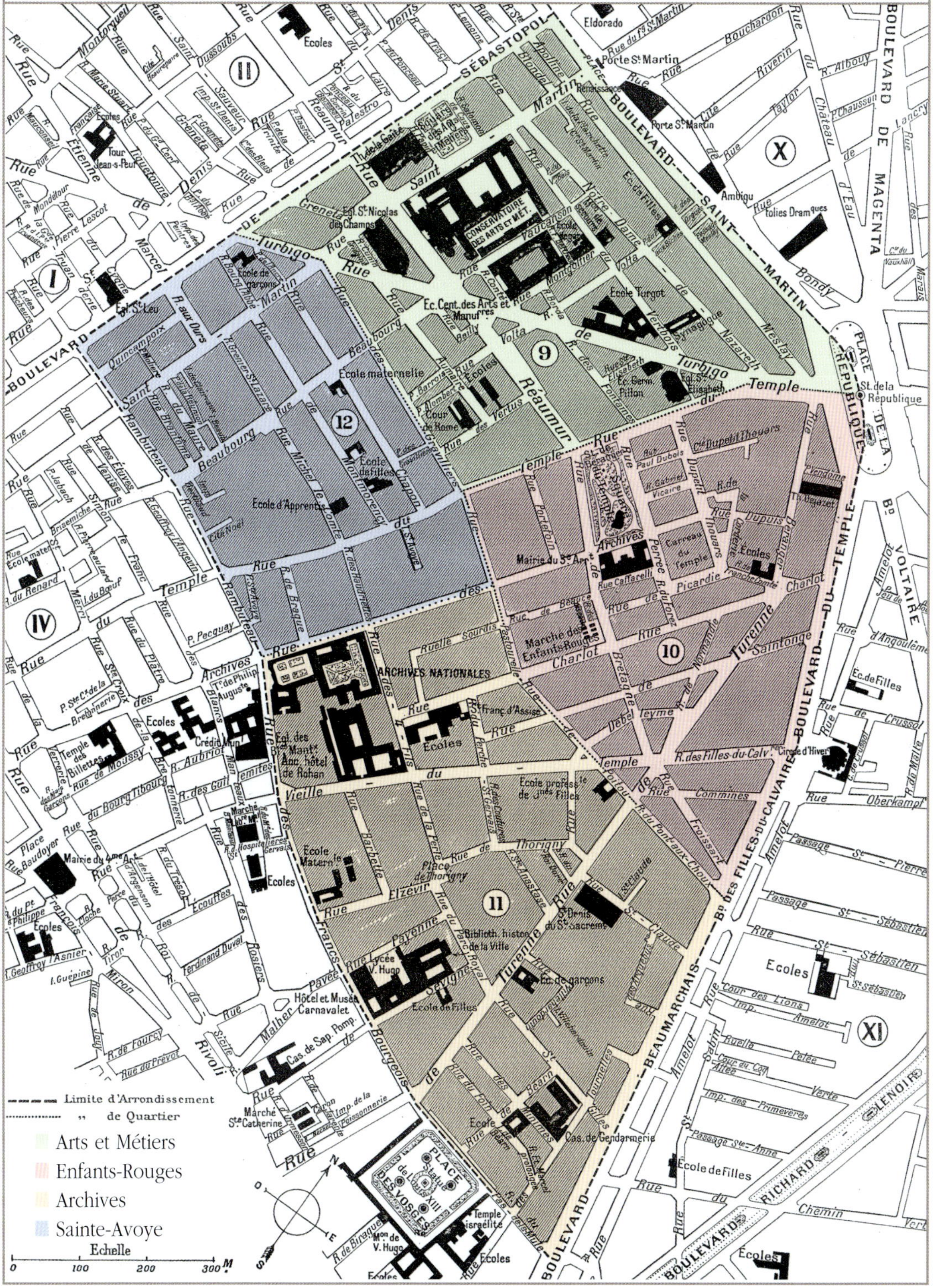

NEUVIÈME QUARTIER

ARTS ET MÉTIERS

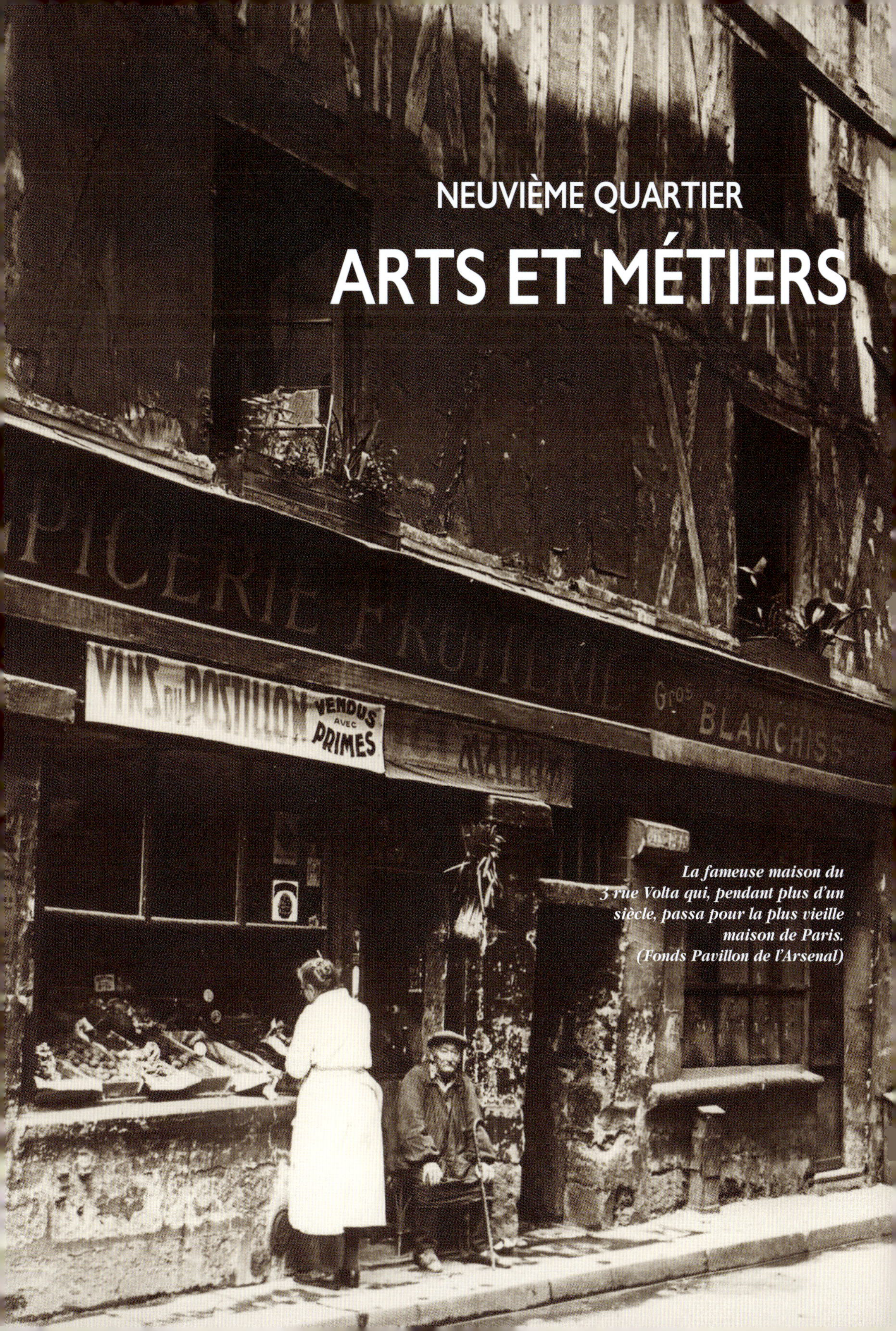

La fameuse maison du 3 rue Volta qui, pendant plus d'un siècle, passa pour la plus vieille maison de Paris. (Fonds Pavillon de l'Arsenal)

Le quartier des Arts-et-Métiers

Situé au nord-ouest de l'arrondissement, le quartier des Arts-et-Métiers dessine un quadrilatère irrégulier bordé à l'ouest par les larges trottoirs du boulevard de Sébastopol, au nord par ceux des Grands Boulevards, le boulevard Saint-Denis et le boulevard Saint-Martin, jusqu'à la place de la République. Sa frontière part de cette dernière en passant par la rue du Temple jusqu'à la pointe Turbigo-Sébastopol. Ce quartier tire son nom de l'installation, en 1798, du Conservatoire national des arts et métiers dans l'ancien prieuré de Saint-Martin des Champs.

L'origine de son peuplement est très ancienne, autant que l'antique rue Saint-Martin au sous-sol tassé par les chariots de l'armée romaine et piétiné par dix siècles de pèlerinages à Compostelle. Dès le VIe siècle, on y trouva un oratoire dédié à l'évêque de Tours, réputé pour ses miracles, en particulier la guérison d'un lépreux parisien. Au VIIIe siècle, l'oratoire fut remplacé par une chapelle située plus au nord, à l'emplacement actuel du Conservatoire. L'église fut reconstruite en 1060 et une collégiale s'y installa, transformée en 1079 en prieuré, le célèbre prieuré royal de Saint-Martin des Champs. Une église fut de nouveau édifiée vers 1130 sur les ruines de la chapelle, entourée d'un mur d'enceinte que l'on reconstruit en 1273, crénelé et protégé par quatre tours d'angle dont deux subsistent. À l'extérieur, le bourg Saint-Martin des Champs se développa à tel point qu'il eut sa propre église paroissiale, Saint-Nicolas des Champs. En 1360, le bourg et le prieuré furent incorporés dans Paris du fait de la construction de l'enceinte de Charles V.

Cette origine très ancienne fait du quartier des Arts-et-Métiers le plus contrasté et le plus original de l'arrondissement. Le plus contrasté, car c'est celui qui a subi le plus de transformations à la fin du XIXe siècle et au début du XXe de la part des urbanistes républicains, fidèles aux plans du baron Haussmann au point de faire disparaître, entre autres, les vieilles bâtisses médiévales qui entouraient les églises. Le quartier, très aéré, est original car il conserve ses vestiges enfouis derrière les façades où s'entassent les étages de la rue Réaumur et de la rue Turbigo. Tapi aux confins de ces immenses carrefours, le square des Arts-et-Métiers, comme l'appellent encore les vieux Parisiens, aère de son flanc gauche le boulevard de Sébastopol sous l'œil attendri du théâtre de la Gaieté-Lyrique.

Pour découvrir l'âme du quartier, il faut en parcourir les rues; pour les anciens, faire remonter les souvenirs; pour les plus jeunes, laisser libre cours à son imagination. Il faut laisser parler ses pierres faussement endormies, ses petites rues aux pacifiques bonneteries en gros, ses bougnats, ses marchands d'articles pour forains qui jouent à cache-cache avec le temps. Car toute l'âme du quartier s'est rétractée à l'ombre des carrefours haussmanniens.

Dans la rue au Maire et la rue des Vertus, où palpitait L'As de Cœur, les petits bals bougeaient et l'accordéon régnait en maître. Sans oublier cette fourmilière de rues commerçantes qui se jettent dans la place de la République, au célèbre Caveau et aux nombreuses brasseries : la rue du Temple qui montre fièrement sa noble église Sainte-Élisabeth, la rue Meslay et sa jumelle la rue Notre-Dame-de-Nazareth avec sa vieille synagogue qui rappelle que l'arrondissement a toujours été une terre d'accueil.

Au carrefour des Halles et des Grands Boulevards, du boulevard de Sébastopol et du boulevard Saint-Denis, le quartier des Arts-et-Métiers porte aussi une autre appellation qu'il partage avec celle d'une station du métropolitain : Strasbourg-Saint-Denis. Heureuses nouvelles générations qui n'ont pas connu ce carrefour mythique et n'en conservent donc aucune nostalgie ! Habité par un constant tumulte populaire, c'était la grande croisée de la ville, comme l'écrit si bien notre historien-poète Louis Chevalier. Même la vie nocturne était agitée, comme celle des Halles et des Grands Boulevards dont il formait la synthèse. Strasbourg-Saint-Denis et ses petits cinémas (le Palais des Arts, le Picardy, le Far-West, le Bosphore) ! Strasbourg-Saint-Denis et ses filles de la rue Sainte-Apolline et de sa complice, la rue Blondel : "la rue de la joie", comme le chantait Damia ! Strasbourg-Saint-Denis et sa faune enjouée et populaire, qui courait la prétentaine en formant une foule où se mêlaient les gens venus à la fois des beaux quartiers de l'ouest et des quartiers ouvriers de la Chapelle et de Belleville, attirés par le "Sébasto". Il en résultait une intensité de vie comme nulle part : tout Paris était là, sauf le Tout-Paris... Tout le petit peuple parisien de la rive droite passait par ici. Où qu'on aille, d'où qu'on vienne dans le Paris de cette époque, il fallait passer là parce que l'atmosphère y était unique, mais surtout parce qu'on était convaincu d'y trouver ce qu'on aimait et en particulier la chaleur humaine, des visages qui vous ressemblaient, gais, disponibles. L'euphorie qui émanait des Grands Boulevards faisait de Strasbourg-Saint-Denis un coin prodigieux, éblouissant : ce quartier, c'était toute l'allégresse du peuple !

Allégresse symbolisée par ses nombreuses brasseries où, après-guerre, dans l'une des plus célèbres, À la Croix de Malte, à l'angle de la rue et du boulevard Saint-Martin, un jeune accordéoniste au nom prédestiné, Aimable, fit ses débuts. Car à Strasbourg-Saint-Denis, pour comprendre et apprécier la ville, il suffisait de s'installer à l'une des immenses terrasses de café et de regarder passer la foule. Le plus emblématique, le plus grand et le plus populaire de ces cafés se trouvait boulevard Saint-Denis, à l'emplacement du Monoprix actuel, et portait lui aussi un nom fort bien choisi : À tout va bien. Eh oui, Strasbourg-Saint-Denis, c'était le réconfort du peuple !

Vers 1910, le serrurier Colman situé au ***3 rue Blondel.*** *La boutique à gauche était tenue par la famille Croquevielle, fabricant de pinces pour fleurs et plumes.*

La rue Cunin-Gridaine *vue depuis la rue Turbigo, vers 1900. Cette rue fut ouverte en 1858 et porte le nom du manufacturier Laurent Cunin-Gridaine (1778-1859), ministre du Commerce sous Louis-Philippe.*

Le square des Arts-et-Métiers, devenu ***square Émile-Chautemps****, ne semble pas avoir changé depuis 1900. Seule l'élégance des enfants d'antan n'est plus vraiment de mise aujourd'hui.*

Bien qu'on ait "passé" sa communion dans une paroisse voisine (Bonne-Nouvelle) une promenade au ***square des Arts-et-Métiers*** *s'imposait. Ici, la famille Dupin, en mai 1937. (Don famille Dupin)*

Jeanne Gauthier, teinturière
au ***19 rue des Fontaines-du-Temple,***
vers 1925.

Les immeubles des ***19 et 21 rue des Fontaines-du-Temple*** *en août 1943. L'activité du garage Turbigo-Fontaines semble être bien ralentie ! (Fonds Pavillon de l'Arsenal)*

Restaurant Boisnard ***23, rue des Fontaines-du-Temple****, vers 1905. Toute la rue pose autour du marchand de quatre saisons, même les joueurs de billard du premier étage (coll. Robert).*

Quelle animation ***rue des Gravilliers*** *au début du siècle dernier! Cette très vieille rue, déjà citée au XIIIe siècle, doit son nom soit à celui d'un boucher qui y habitait soit à la présence d'ouvriers appelés "gravelliers".*

Durant l'occupation (ici en 1943), le ***70 de la rue des Gravilliers****, le petit hôtel d'Estrées, était un abri et accueillait dans ses caves profondes la population de la rue durant les alertes. (Fonds Pavillon de l'Arsenal)*

La rue des Gravilliers *en novembre 1942, la gaieté a disparu. (Fonds Pavillon de l'Arsenal)*

La rue Greneta *depuis le boulevard de Sébastopol, vers 1905.*

Restaurant Maurer ***4 rue Greneta,*** *le 20 août 1906. On pouvait y déguster des cocktails américains!*

La rue au Maire *et son fameux bal musette Le Tango photographiés depuis la rue Volta, en 1946. (Fonds Pavillon de l'Arsenal)*

*Monsieur Stierli, marchand de vins et de bières au **28 rue au Maire**, vers 1905, ne pose pas devant sa minuscule boutique mais à côté, pour mieux la mettre en valeur.*

***La rue Meslay** à la hauteur du n° 43, vers la rue Saint-Martin, dans les années 1930.*

Petit attroupement devant la pharmacie Sevin située au ***4 rue Meslay,*** *vers 1905.*

On pose en famille devant le coiffeur au ***62 rue Meslay,*** *en 1910.*

*Ambiance de fête devant l'entrée de l'immeuble du **17 rue Meslay**, vers 1905.*

*Les locataires du **57 rue Meslay** semblent endimanchés.*

***La rue Meslay,** vers 1905, en direction de la rue Saint-Martin. Formée en 1696, elle s'appela d'abord rue des Remparts, car située à l'emplacement du chemin de ronde de l'enceinte de Charles V. Depuis 1723, elle porte le nom du conseiller d'Etat Jean-Baptiste Rouillé, comte de Meslay (1656-1715).*

***La rue Meslay** à hauteur du 65 et son fameux dos-d'âne dû aux comblements de l'enceinte de Charles V.*

Madame et Monsieur Moisset,
charbonniers au ***26 rue Meslay,***
posent avec leur progéniture, vers 1910.

La rue Notre-Dame-de-Nazareth*, au croisement de la rue Saint-Martin vers la rue du Temple. Cette partie comprise entre la rue Saint-Martin et la rue du Pont-aux-Biches s'appelait, avant 1851, rue Neuve-Saint-Martin.*

Façade de la synagogue de ***la rue Notre-Dame-de-Nazareth.*** *Inaugurée le 5 mars 1822, elle accueille toujours une importante communauté juive.*

La rue Notre-Dame-de-Nazareth*, vers 1910. Tracée sur l'emplacement d'un grand égout en 1605, elle doit son nom au couvent des Pères de Nazareth dont elle longeait les murs.*

*Au **63 de la rue Notre-Dame-de-Nazareth** se tenait un fabricant de colliers pour chiens : la maison Lebarbier et Hüet, immortalisée par le photographe ambulant, vers 1905.*

*1909 : le livreur à cheval du marchand de café à l'enseigne Au Vaisseau Marchand situé **79, rue Notre-Dame-de-Nazareth.***

Librairie-papeterie Gironde au ***67 rue Notre-Dame-de-Nazareth*** *au début du siècle dernier. On annonce que le dernier almanach Vermot est paru.*

La rue Notre-Dame-de-Nazareth *à la hauteur de la rue Volta (photo prise en direction de la place de la République), vers 1910. À gauche, l'entrée du passage du Pont-aux-Biches, qui doit son nom à une enseigne.*

***3-5 rue Papin**, du nom du physicien Denis Papin (1647-1714). Au fond, on aperçoit le théâtre de la Gaîté.*

***Le passage du Pont-aux-Biches**, en 1943. Situé 38 rue Notre-Dame-de-Nazareth, il s'appelait en 1729 culs-de-sac de la Chiffonnerie. Il fut prolongé en 1881 par un escalier jusqu'à la rue Meslay. (Fonds Pavillon de l'Arsenal).*

La rue Réaumur *depuis la rue des Vertus, en 1905. La rue Réaumur fur percée en 1858 a absorbé la rue Phélippeaux et a pris le nom du mathématicien, inventeur du thermomètre René-Antoine Ferchault de Réaumur (1683-1757), qui fut directeur du Conservatoire des arts et métiers.*

L'abside romaine de l'ancienne ***église Saint-Martin des Champs****, actuel Conservatoire national des arts et métiers, photographiée depuis le carrefour Réaumur-Turbigo, vers 1904.*

Magnifique boutique de la maison Munier, "Beurre-Œufs-Fromages", ***6 rue Réaumur,*** *vers 1905. Quelle fierté d'utiliser le barattage à vapeur!*

Devant le ***9 rue Réaumur,*** *vers 1905. Le petit monde de la rue Réaumur pose devant le photographe ambulant.*

Salon de coiffure Michel ***21 rue Réaumur,*** *vers 1910. Établissement de confiance ayant obtenu deux médailles de vermeil de la Ville de Paris.*

La concierge du ***36 de la rue Réaumur*** *pose pour l'éternité, munie de son balai-brosse, accompagnée de ses amies de l'immeuble. Photo vers 1905.*

Au 68 rue Réaumur *chez SOMMS, marchand d'équipements de sport. Combien de générations de sportifs du centre de Paris sont venues acheter ici leur première paire de chaussures de football jusqu'en 1975, année de la disparition de cette vénérable maison ?*

Place de la République*, vers 1900. À l'occasion de la dispartion de l'ex-place du Château-d'Eau, sept théâtres du "boulevard du Crime" disparurent. La statue représentant la République est l'œuvre de Charles et Léopold Morice (1883).*

*Au **17 place de la République**, à l'angle de la rue Meslay, se tenait l'un des trente restaurants appartenant à la maison Duval appelés "Bouillons Duval".*

*Au début du siècle dernier, la Brasserie de l'Espérance au **19 place de la République**, était tenue par la famille Audrain. Sa clientèle était relativement distinguée.*

***La cour de Rome** existait dès 1382 sous le nom de rue aux Cordiers. Les artisans travaillent paisiblement devant la façade du petit hôtel particulier datant de 1652 qui sera sauvé des pioches des démolisseurs.*

***La cour de Rome,** en 1907.*
Son entrée se trouvait 24 rue des Gravilliers. Elle possédait une issue 9 rue des Vertus et une autre 7 rue au Maire.
(Photo Atget © Roger-Viollet)

La grande brasserie À la Croix de Malte ***53 boulevard Saint-Martin,*** *à l'angle de la rue du même nom. Aujourd'hui disparu, cet établissement était un haut lieu de la musique populaire.*

Le célèbre accordéoniste Aimable et son orchestre étaient l'une des attractions du ***boulevard Saint-Martin.*** *Il fit ses débuts dans les années 1940 à la Croix de Malte. (Don Famille Colombier)*

La Maison Card, fabricant d'armes
15 boulevard Saint-Martin, *vers 1930.*
On précise que l'atelier est au 20 rue Meslay.

Brasserie Légeron-Vetzel **21 boulevard Saint-Martin,** *l'une des très nombreuses brasseries des Grands Boulevards.*

Marchand de cartes postales
***29, boulevard Saint-Martin**, à l'époque*
où les Grands Boulevards attiraient
un nombre considérable de touristes.

*La teinturerie Camus, **339 rue Saint-Martin**, en 1904.*
On précise que l'usine est à Saint-Ouen.

La rue Saint-Martin *depuis le boulevard du même nom vers 1910. À gauche, la fameuse brasserie de la Croix de Malte. À droite, le magasin de chaussures Raoul que bien des Parisiens ont connu.*

L'église Saint-Nicolas des Champs
254 rue Saint-Martin, *vers 1900,*
et son unique tour-clocher du XIIe siècle.

Personnel du Little Palace Hotel situé au ***4 rue Salomon-de-Caus****, vers 1910. Percée en 1858, cette rue qui commence au 100 boulevard de Sébastopol, porte le nom d'ingénieur français (1576-1630).*

Une vue du ***boulevard de Sébastopol****, très animé en ce début du siècle: calèches, charrettes, voitures de livraisons passent dans tous les sens.*

***Le boulevard de Sébastopol à la hauteur de la rue Greneta**, en 1939. (Fonds Pavillion de l'Arsenal)*

*Le personnel de la maison Silbermann, modes et fournitures, **92 boulevard de Sébastopol**, vers 1905.*

Maison Marinier, manufacture générale de peignes ***100, boulevard de Sébastopol****, vers 1910. Ces femmes ont l'air sinistre. Ont-elles envie de se crêper le chignon?*

Les fameux marchands de tableaux du ***boulevard de Sébastopol****, le long de la façade de l'immeuble du Crédit Lyonnais, dont les œuvres attiraient les curieux et faisaient fuir les amateurs! Ici, en décembre 1940.*

*En 1940, il y avait encore une vespasienne située à la hauteur du **square Émile-Chautemps**, sur le boulevard de Sébastopol.*

*Façade des cinémas le Palais des Arts et le Picardy situés au **102 boulevard de Sébastopol**. (Photo J. Fargeas Bifi, 1953)*

***La rue du Temple** à la hauteur*
du square du même nom,
au début du siècle dernier.

***La rue du Temple** depuis l'intersection de la rue*
de Bretagne et de la rue Réaumur, en 1939.
(Fonds Pavilon de l'Arsenal)

La rue du Temple *depuis la rue de Bretagne, en 1939. (Fonds Pavillon de l'Arsenal)*

***La rue du Temple** vers la place de la République : le tramway passe devant la bouche de métro de Guimard.*

*L'Église Sainte-Élisabeth au **195 rue du Temple**. C'était l'ancienne chapelle du couvent des Filles de Sainte-Élisabeth dont Marie de Médicis posa la première pierre en 1618.*

La rue du Temple *à la hauteur de la rue Dupetit-Thouars en direction de la place de la République, vers 1930. La circulation est à double sens.*

La brasserie Audrain à l'enseigne "Au chansonnier", au ***165 rue du Temple****, à l'angle de la rue Réaumur, rappelle que de 1885 à 1942, une statue du poète et chansonnier Béranger était installée en face dans le square.*

Fête Nationale du 14 juillet 1907 au ***carrefour des rues Notre-Dame-de-Nazareth, de Turbigo et du Temple****.*

Petites modistes ***197, rue du Temple****, au début du siècle dernier.*

Succursale de la Société Générale ***205, rue du Temple****, à l'angle de la rue Meslay.*

Au croisement de la rue de Turbigo et du boulevard de Sébastopol, *on verbalise déjà les fraudeurs!*

Brasserie À la Renaissance tenue par la maison Brutus ***48 rue de Turbigo****, à l'angle de la rue Beaubourg, vers 1910.*

Les façades haussmanniennes de la ***rue de Turbigo*** *(à la hauteur du n° 55) aèrent le quartier mais font de l'ombre aux petites rues (ici dans les années 1930). (Fonds Pavillon de l'Arsenal)*

Fabricant de dragées Au Marquis de Carabas au ***56 rue de Turbigo****, en 1910.*

La rue de Turbigo *à la hauteur de la rue des Fontaines-du-Temple, vers 1905.*

Bar et restaurant Matta, vers 1930, au ***76 rue de Turbigo****.*

La rue de Turbigo *depuis la rue Sainte-Élisabeth, vers 1910. À droite, on aperçoit ce qui était à l'époque l'école municipale préparatoire de dessin pratique, dite École Germain-Pilon.*

La rue du Vertbois *et la fontaine du même nom, vers 1900. Édifiée par Jean Bullet en 1712, la fontaine fut sauvée de la destruction grâce à l'intervention de Victor Hugo.*

En 1919, la petite crémerie de la **rue du Vertbois** *était tenue par Léonie Caron, épouse Desprez. (Don famille Desbois)*

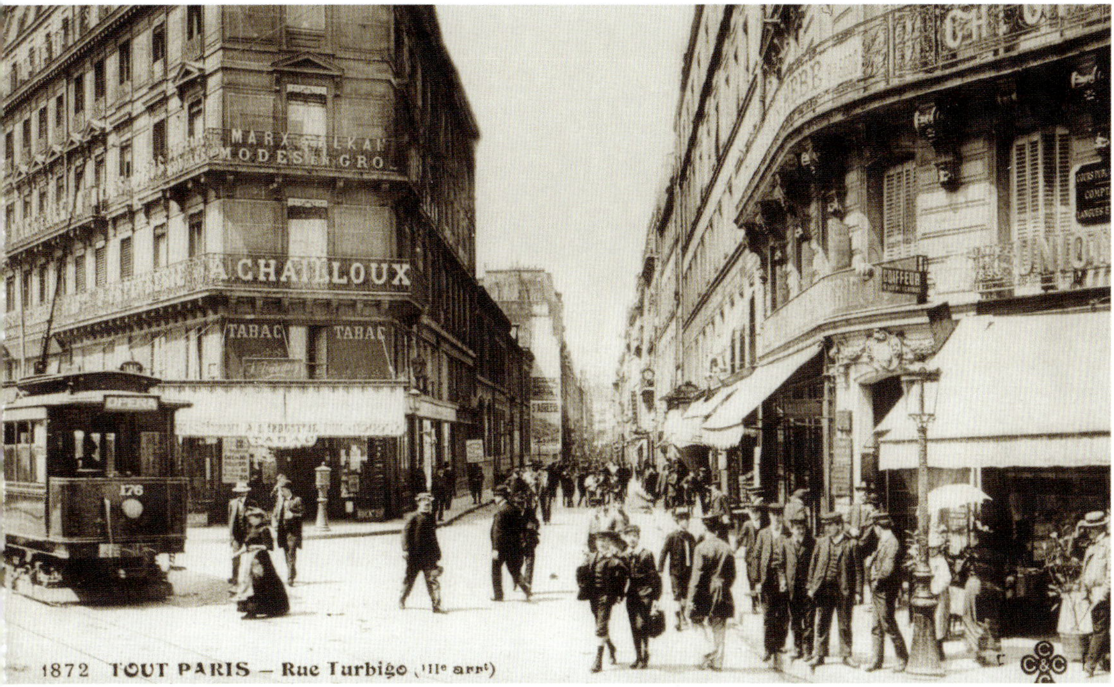

La rue du Vertbois *depuis la rue de Turbigo, vers 1910. Avant 1851, cette partie de la rue du Vertbois s'appelait rue Neuve-Saint-Laurent. Elle doit aujourd'hui son nom à un bois vert qui dépendait du prieuré de Saint-Martin-des-Champs.*

Calme provincial **rue des Vertus,** en 1946. Le nom de "Vertus" a été donné ironiquement à cette rue, depuis toujours fréquentée par des filles qui, métier oblige, avaient perdu la leur! (Fonds du Pavillon de l'Arsenal)

Ambiance bon enfant un samedi soir de 1933, ***rue des Vertus****. Les "titis" sortent-ils de L'As de cœur (à gauche) ou de Chez Marius (à droite)? Sur une des affiches, on annonce qu'au Bataclan on passe "Un fils d'Amérique", avec Albert Préjean et Annabella.*

La rue Volta *depuis la rue Réaumur vers la rue de Turbigo, en 1905. Cette partie de la rue qui a été reconstruite sous Napoléon III s'appelait depuis le XIVe siècle rue de la Croix – jusqu'à la rue du Vertbois.*

Le personnel et le livreur de la maison Sandou ***30 rue Volta,*** *vers 1910. Cette partie de la rue s'est appelée rue Frépillon jusqu'en 1851. Elle prit son nom actuel en hommage au physicien italien Alessandro Volta (1745-1827), inventeur de la pile électrique.*

DIXIÈME QUARTIER

ENFANTS-ROUGES

Le marché des Enfants-Rouges, le plus ancien de Paris.

Le quartier des Enfants-Rouges

Le quartier des Enfants-Rouges a la forme d'un triangle dont la base, la frontière sud, relie la rue du Temple au boulevard des Filles-du-Calvaire, en passant par les rues Pastourelle, de Poitou et du Pont-aux-Choux. Le côté pair de la rue du Temple compris entre la rue Pastourelle et la place de la République délimite son côté ouest, les boulevards du Temple et des Filles du Calvaire son côté est.

Ce quartier particulièrement attachant est cher aux Parisiens à plus d'un titre. Il porte le nom des "Enfants-Rouges", qui est aussi celui du marché de la rue de Bretagne. Ce petit marché, le plus ancien de Paris puisqu'il a été créé il y a plus de quatre siècles, tient son nom de celui de l'hospice créé par François Ier qui se situait à l'emplacement du 83 rue des Archives et accueillait des orphelins que l'on habillait de rouge.

Toute la partie nord est située sur l'emplacement d'un terrain appartenant aux Templiers qui établirent leur commanderie dès le XIIe siècle le long de l'actuelle rue du Temple. Ce vaste domaine fortifié comportait de nombreuses constructions dont les plus importantes étaient l'église, la tour et le donjon, qui renfermait les archives et les trésors des Templiers. L'hôtel du Grand Prieur et ses jardins se trouvaient à l'emplacement du square du Temple. Le tout formait l'enclos du Temple, qui compta jusqu'à 4 000 habitants. L'ordre des Templiers étant devenu trop puissant, Philippe le Bel le supprima pour s'approprier ses biens immenses, et fit périr ses principaux membres dont le grand maître Jacques de Molay. Aux Templiers succédèrent les Hospitaliers de Saint-Jean de Jérusalem ou Chevaliers de Malte. Jusqu'à la Révolution, l'enclos bénéficia d'un singulier privilège : le droit d'asile pour les débiteurs qui, lorsqu'ils avaient franchi la porte du Temple, échappaient aux huissiers. Ils s'installaient ici en faisant bâtir leur maison et en payant volontiers leur loyer. Le Carreau du Temple et ses fripiers seront plus tard les vagues héritiers de ce privilège.

Mais le nom de la rue du Temple n'évoque pas que le Moyen Âge, il évoque aussi la Révolution et la famille royale. Le 13 août 1792, la tour du Temple devient la sinistre prison dont le roi Louis XVI ne sortira que le 21 janvier 1793 pour mourir sur l'échafaud ; puis, le 16 octobre de la même année, ce sera Marie-Antoinette, et enfin de cette même tour sortira, le 18 juin 1795, le cercueil du jeune Louis XVII. Entre-temps sa tante, Madame Élisabeth, est exécutée le 9 mai 1794.

Le donjon risquant de devenir un symbole de résistance pour les royalistes, Napoléon décida sa destruction en 1810. Quant à l'église, elle fut vendue et rasée, ainsi que la vieille tour de César. Le palais du Grand Prieur, lui, survécut jusqu'en 1853, après avoir rempli diverses fonctions. Le square actuel fut construit par Alphand, entre 1853 et 1857, sur son emplacement et sur celui du jardin.
Le Temple fut rasé mais la fonction sociale du lieu persista : un véritable commerce s'était développé autour de la rotonde du Temple. En 1811, un marché y est aménagé qui, de transformation en transformation, deviendra le célèbre Carreau du Temple que nous évoquons plus loin.
Le quartier doit aussi beaucoup au roi Henri IV, qui forma pour lui un projet somptueux : la création de la place de France qui, même si ce projet n'aboutit pas, a profondément marqué les lieux. En 1608 fut réalisé le lotissement des Coutures du Temple. Il s'agissait d'une grande place en hémicycle bordée de pavillons. Pour assurer le dégagement de la place, il était prévu de percer des rues rayonnantes portant le nom des provinces et comtés de France, et une rue circulaire cernant l'ensemble. Après l'assassinat du roi, le projet fut délaissé et le lotissement poursuivi de 1610 à 1620 par l'entrepreneur Claude Charlot, dont l'une des plus belles rues du quartier porte le nom. L'une des raisons qui rendent ce quartier si cher aux Parisiens, c'est le nom de ces rues qui évoquent si bien la France profonde : rue de Bretagne, rue de Beauce, rue de Normandie, rue de Poitou, rue de Saintonge, rue de Picardie, rue du Forez... sans oublier l'adorable petite rue du Perche, à laquelle on pardonne de faire partie du quartier des Archives. Tous ces noms renforcent la poésie du quartier et font que, plus que partout ailleurs dans la capitale, on se sent dans le vieux Paris, le Paris de toujours...
Ce minuscule quartier, l'un des plus petits de la capitale (27,2 hectares), conserve encore bien des souvenirs prestigieux. C'est ici qu'est né le théâtre populaire parisien, sur le boulevard du Temple avec sa trentaine de théâtres. Le boulevard du Temple, lieu de fête et de joie, disparut en partie en 1862 par la volonté de l'impitoyable baron Haussmann, qui le fit raser en partie pour aménager la place du Château-d'Eau – future place de la République. Seul le placide théâtre Dejazet qui, caché près de l'immense place de la République, est le rescapé de cette époque.

Débouché de la rue des Archives sur la ***rue de Bretagne****, vers 1905. Cette dernière n'a pas encore été élargie.*

Monsieur Buisson, restaurateur et fin pâtissier, sis ***12 rue Béranger****, en 1925.*

La rue Béranger, *vers 1900, en direction de la rue du Temple. Percée en 1696, elle s'appela rue Vendôme, du nom du grand prieur qui la fit ouvrir. Elle porte depuis 1864 le nom du chansonnier Pierre-Jean de Béranger (1780-1857) qui habitait et mourut au 5 de la rue.*

La rue de Bretagne *depuis la rue Vieille-du-Temple, vers 1905. Le côté pair (à droite) a été abattu en 1920 pour élargir la rue.*

La rue de Bretagne *dans les années 1930, après son élargissement. Vue depuis la rue Charlot vers la rue de Beauce.*

La rue de Bretagne*, vers 1900. Vue depuis la rue Vieille-du-Temple vers la rue du Temple. La partie de la rue comprise entre la rue du Temple et la rue de Beauce s'est appelée de 1626 à 1851, rue de la Corderie.*

*Au n° **8 de la rue de Bretagne**, à l'angle de la rue Debelleyme, se tenait au début du siècle dernier une cave Nicolas.*

*Installé au **49 rue de Bretagne**, le restaurant de l'Union des coopérateurs socialistes, maison commune du 3ᵉ arrondissement, était, comme c'est écrit au-dessus de la porte "Ouvert à tous".*

Maison Henri Hoffmann, bijoutier spécialisé dans la fourniture de pierres pour bijouterie et de perles en tout genre et sis au ***63 rue de Bretagne,*** *vers 1930.*

Cour pittoresque investie par les enfants au ***38 rue Charlot****, vers 1900.*

La rue Charlot *depuis la rue Pastourelle.*
Cette partie de la rue créée en 1626 s'est appelée jusqu'en 1852, rue d'Orléans.

Entrée latérale du marché des Enfants-Rouges
***35 rue Charlot**, vers 1900. Rien ne semble avoir véritablement changé depuis Louis XIV.*

L'intérieur du
marché des Enfants-Rouges,
en 1907. (Photo Atget © Roger-Viollet)

La rue Commines e*n 1900. Elle fut percée en 1804 à l'emplacement de l'ancien couvent des Filles du Calvaire. Jusqu'en 1864 elle s'appela rue Neuve-de-Ménilmontant avant de prendre le nom de Philippe de Commines, homme d'État et historien (1445-1509) confident de Louis XI.*

*Maison Desmarquest au **13 rue Commines**, spécialiste de la vente de fournitures pour émaillage.*

***La rue de la Corderie** et son air provincial. Cette rue se trouve à l'emplacement de l'ancien enclos du Temple.*

Costumier de la ***rue de la Corderie,*** *en 1907. (Photo Atget © Roger-Viollet)*

Restaurant de l'Union ***4 rue de la Corderie,*** *vers 1910 avec, en terrasses, des messieurs endimanchés.*

La rue Debelleyme *depuis la rue de Turenne. Elle porte ce nom depuis 1865 en l'honneur du préfet de Police (1787-1862).*

Début de la ***rue Debelleyme*** *depuis la rue de Turenne. Cette rue créée en 1620 est la fusion de plusieurs voies : la rue Neuve-Saint-François, la rue de l'Échaudé-au-Marais, la rue de Limoges et la rue de Périgueux.*

La rue Dupetit-Thouars *depuis la rue du Temple, vers 1900. Percée en 1809 sur une partie de l'enclos du Temple, elle prit le nom de l'intrépide marin Aristide Aubert du Petit-Thouars (1760-1798) mort à Aboukir pendant la campagne d'Égypte.*

Fripière ***rue Dupetit-Thouars*** *devant sa boutique, en 1907. (Photo Atget © Roger-Viollet)*

***La rue Dupuis** depuis la rue Dupetit-Thouars, vers 1905. Cette rue percée en 1809 a pris le nom du philosophe François Dupuis, membre de l'Institut et du conseil des Cinq-Cents (1742-1809).*

*En 1907 le petit bougnat, maison Soubirier, situé **6 rue Dupuis**, vendait aussi les journaux. La marchande de quatre saisons a tenu à poser aussi pour le photographe.*

Façade de la mairie du 3e arrondissement située ***2 rue Eugène-Spuller*** *(1835-1895), du nom de l'avocat député de l'arrondissement. La mairie fut construite de 1864 à 1867 par Cailliati et Chat. Elle a remplacé l'ancienne mairie du 11 rue Béranger.*

Au ***9bis boulevard des Filles-du-Calvaire*** *se tenait la maison Wich, fabricant d'appareils téléphoniques. Photo vers 1910.*

La rue des Filles-du-Calvaire *à la hauteur du n° 12, en 1905.*

Le marchand de fruits et primeurs "Château" au ***8 rue des Filles-du-Calvaire****. Photo vers 1907.*

Rue des Filles-du-Calvaire, *vers 1900. Cette charmante rue percée en 1696 doit son nom au couvent dont elle longeait les murs.*

Le 9 rue de Normandie, *vers 1900. Cette rue percée en 1696 porte, comme de nombreuses rues voisines, le nom d'une province de France.*

Le "poêlier-fumiste" Teilhoux, situé ***10 rue de Normandie,*** *en 1907. C'est certainement cette pittoresque toiture qui a intéressé le photographe. (Photo Atget © Roger-Viollet)*

Juste à côté, toujours au ***n° 10 de la rue de Normandie****, l'hôtel qui portait le nom de la rue, était tenu par la famille Groely vers 1910.*

Mercerie Cordillot ***14 rue Pastourelle***
à l'angle de la rue des Archives, vers 1905.

Café-tabac-hôtel tenu par Madame Dubertier au ***46 rue Pastourelle****, vers 1910. On pouvait aussi y déposer des colis postaux!*

Rue Perrée, *vers 1900. Percée en 1809, cette rue tout entière lotie sur l'emplacement de l'ancien enclos du Temple, doit son nom au comte-amiral Emmanuel Perrée (1761-1800).*

La rue de Poitou *en 1905, à la hauteur de la rue de Saintonge vers la rue Charlot. La marchande de quatre saisons a installé son crainquebille au milieu de la chaussée.*

La rue de Poitou depuis la rue Debelleyme, vers 1905. Cette adorable petite rue qui a été percée en 1626, a absorbé en 1877, entre la rue Vieille-du-Temple et la rue de Turenne, la rue de l'Oseille qui datait de 1694. Elle aussi porte le nom d'une ancienne province de France.

*Pharmacie Nouvelle au **15 rue de Poitou** à l'angle de la rue Debelleyme, vers 1930. On y fait de la publicité pour les pastilles Valda.*

*Grille de marchand de vins de la maison Laurent au **2 rue de Picardie**, à l'angle de la rue de Bretagne. Cette maison a disparu lors de l'élargissement de la rue de Bretagne en 1920. (Fonds Pavillon de l'Arsenal)*

La rue de Poitou *à la hauteur du n° 7*
et de l'école professionnelle de jeunes filles.

La rue Portefoin, *percée au XIIIe siècle, porte depuis le XVIIe siècle le nom de Jean Portefoin qui y habitait. Au n° 14 de la rue, dans un hôtel particulier du XVIIe siècle, était installé le charbonnier Martin.*
(Photo Atget © Roger-Viollet))

Personnel de la maison Guéneau, chamoiseur, au ***18 rue Portefoin****, vers 1920. Les chamoiseurs étaient des tanneurs qui traitaient les peaux avec de l'huile de poisson.*

La rue Portefoin *à la hauteur du n° 6, en 1943. Au bout, on aperçoit la rue des Archives. (Fonds Pavillon de l'Arsenal)*

À l'angle de la rue Portefoin et de la rue des Archives *était située l'Association des Mutilés, Victimes de la Guerre, Anciens Combattants. Photo vers 1930.*

La place de la République *depuis la rue du Temple. À l'angle, le fameux magasin de nouveautés de la Belle Époque Au pauvre Jacques. Photo vers 1905.*

Aux Caves Saintonge, paisible bistrot tenu par la famille Chevalier au début du siècle dernier au ***26 rue de Saintonge.***

Au 52 rue de Saintonge, *café-restaurant tenu par la famille Besson, vers 1905.*

Le boulevard du Temple *depuis la place de la République vers la Bastille, en 1900. Ce boulevard a été percé de 1676 à 1705 sur l'emplacement de l'enceinte de Charles V.*

Le débouché du ***boulevard du Temple*** *sur la place de la République, vers 1910.*

L'entrée du théâtre Dejazet, ***41 boulevard du Temple,*** *vers 1900. Construit en 1852 sur l'ancien jeu de paume du comte d'Artois, il fut cédé à la célèbre actrice Virginie Dejazet en 1859.*

Le boulevard du Temple *vers la place de la République. Admirons la belle enseigne du coiffeur-parfumeur.*

Le personnel de la fameuse brasserie alsacienne Chez Jenny pose pour l'éternité, vers 1930, le long du parapet du ***boulevard du Temple****. La brasserie existe toujours et est l'une des dernières survivantes des Grands Boulevards.*

Le boulevard du Temple *vu de la place de la République vers la Bastille, vers 1930. Le petit bal dont on aperçoit l'enseigne s'appelait le café-bar de la République et le cinéma à l'arrière-plan le Majestic – au n° 35.*

La rue du Temple *vers la rue de Bretagne et le Carreau du Temple dont une partie des bâtiments sera détruite en 1905.*

***La rue du Temple** à la hauteur de la rue Portefoin, vers 1900, en direction de la rue de Bretagne. Cette partie de la rue porte le même nom depuis 1300. Auparavant, depuis 1250, elle s'appelait rue de la Chevalerie-du-Temple.*

***146 rue du Temple,** vers 1905.*
Antique boutique de coiffeur fondée en 1834.

Au début du siècle dernier, Paris possédait une quinzaine de "Bouillons Chartier" dont l'un se tenait ***150 rue du Temple***.

Bar du ***160 bis rue du Temple,*** *maison Degabriel, vers 1905. Les dames du quartier sont fort élégantes.*

Le petit peuple de la ***rue du Temple*** *devant chez Benoiston célèbre "fournisseur pour modes et couture" qui était situé au n°* ***164-166 de la rue****.*

172 rue du Temple. *La marchande de quatre saisons vend des châtaignes pour la plus grande joie des enfants qui ne peuvent pas tous se payer une glace à la crémerie du Temple.*

À la maison bleue,
fabricant de corsets Louis XV
*au **172 rue du Temple**, vers 1905.*

***Le square du Temple**, vers 1900. Créé par Alphand et d'une superficie de 7 700 m², il fait le bonheur des enfants du quartier depuis 1857.*

***Square du Temple**. La première statue en bronze du célèbre chansonnier Béranger (1780-1857) signée Amédée Doublemard. Érigée en 1885, elle fut détruite en 1942 et remplacée en 1953 par la statue en pierre actuelle due à Henri Lagriffoul.*

*Dans le **square du Temple** situé au cœur du 3e arrondissement entre les rues du Temple, Perrée, des Archives et de Bretagne. Photo vers 1900.*

Le personnel des galeries Sainte-Thérèse au ***174 rue du Temple****, dans les années 1930.*

La rue de Turenne *depuis la rue Vieille-du-Temple, en 1905. À droite, la succursale K du Crédit industriel.*

Pointe de la **rue de Turenne et de la rue de Normandie** *vue depuis la rue des Filles-du-Calvaire, vers 1905.*

Monsieur Rigal, charbonnier, cafetier et hôtelier au ***100 rue de Turenne****, en 1907. Le beaujolais nouveau est arrivé.*

La rue Vieille-du-Temple *à la rue de Bretagne. À droite, l'un des tout premiers autobus à plate-forme.*

Au ***128 rue Vieille-du-Temple****, vers 1910. Dans ce petit immeuble travaillaient un fabricant et décorateur de porcelaine à la main, un graveur sur camées, un bijoutier en or et un fabricant de bronzes.*

***Le Carreau du Temple**: on attend le client avec impatience ! Ici, en 1934.*

Le Carreau du Temple

"C'est une très longue et très douloureuse agonie: le marché du Temple pourra vivre quelque temps encore, plusieurs années peut-être, mais il est désormais "condamné" et l'on verrait s'élever sur son emplacement un pâté de hautes maisons, probablement déjà louées sur plan par des banques, si les marchands ne s'organisaient pour infuser au mourant une vie nouvelle". Ce texte a été écrit en 1927 par le chroniqueur Marius Boisson dans son ouvrage Coins et recoins de Paris à une époque où les amoureux du vieux Paris s'inquiétaient pour l'avenir du marché du Temple. Et le célèbre chroniqueur terminait son tableau par cette conclusion remplie de nostalgie: "En attendant, le marché actuel, tel qu'il est, est condamné. Les vieux acteurs, les anciens imprésarii de province ne se rappelleront pas sans une pointe d'émotion ces étalages du capharnaüm légendaire et ces boutiques de l'enclos Dupetit-Thouars où ils entraient pour acheter robes à panier, vieilles défroques, capes et robes à paillettes, qui font tant d'effet aux lumières. Car le Carreau du Temple, pour les Parisiens, incarnait le Paris populaire de toujours dont l'origine remontait au Moyen Âge".

Le droit de franchise accordé par les Templiers pour attirer les marchands et les artisans avait favorisé le commerce en ces lieux. En 1809, lors de la destruction du Temple, les anciens bâtiments firent place à un marché de friperie, construit par l'architecte Molinos, dont la rotonde occupait le centre. En 1811, un marché permanent y fut installé, formé de quatre halles de bois, chacune correspondant à un secteur de vente. Le "Palais royal" était spécialisé dans les gants, les corsets et les dentelles, c'était le domaine des coquettes; le "Pavillon de Flore" était le domaine de la literie et des rideaux; la "Forêt noire" était le royaume des vieilles chaussures, des souliers, des savates, des bottes et autres objets en cuir. Et enfin le plus pittoresque, le "Pou volant", portait bien son nom puisqu'il s'agissait tout simplement d'un marché aux puces où l'on pouvait trouver des clous, des marteaux et des vêtements d'occasion que l'on vendait à même le sol sur le carreau. Au milieu des quatre carrés et devant la rotonde siégeait le marché en plein air appelé Carreau du Temple.

Ce marché très fréquenté par une population modeste, voire pauvre, avait son jargon dont certains mots sont restés dans le langage populaire. Le pantalon était un "montant", l'habit une "pelure", la chemise une "limace", les vêtements des "frusques", un chapeau de femme un "décrochez-moi-ça", un chapeau une "niolle". Le marchand d'habits, celui des rues, était appelé un "chineur", le

marchand de chapeaux un "niolleur", le client un "gonze", la cliente une "gonzesse"; quant à la petite monnaie, on l'appelait la "thune"!
Les halles en bois, par mesure de précaution contre les incendies, furent remplacées en 1863 par six pavillons en fonte, verre et brique, dus aux architectes Ernest Legrand et Jules de Mérindol. Trop concurrencé par les grands magasins, ce marché fut démoli en partie en 1905, un an seulement après avoir accueilli la première Foire de Paris. On abattit en même temps la légendaire rotonde, dont il ne subsiste que trois frontons de portes. Sur la partie abattue passent actuellement les rues Gabriel-Vicaire et Paul-Dubois, et la partie qui subsiste se trouve entre la rue de Picardie et la rue Eugène-Spuller.
Mais les grands magasins où l'on pouvait acheter à crédit ainsi qu'une ordonnance du 9 avril 1914 interdisant la vente du neuf sur le marché, mirent en péril le Carreau. Et c'est au moment où l'on aurait pu croire que cette amputation allait mener notre vieux marché à l'agonie qu'il connut un renouveau, grâce à l'activité et à l'esprit de création des artisans du Marais et du Sentier tout proches. Les clients affluèrent de tout Paris, de la banlieue et même de province. Le Carreau du Temple devint le marché incontournable du vêtement populaire pour les petites bourses et les coquets. Au lendemain de la seconde guerre mondiale, les besoins furent si grands que les décennies 1950 et 1960 furent des décennies dorées. La légende veut qu'il y ait eu jusqu'à 1 000 marchands. En 1976, il en restait 360.
Géré par la préfecture de Police, le marché possédait autrefois une réglementation intérieure très stricte, concernant notamment le choix des emplacements qui changeaient tous les jours de vendeurs. Le marché était ouvert du mardi au dimanche inclus de 9 heures à 12 heures Le placement commençait à 7h30, les places étaient numérotées et reportées sur des plans aux deux extrémités. La cloche tintait à trois reprises: 7h20, 7h25, 7h30. Devant chacun des deux plans, il y avait un grand panier en osier de 60 cm de haut avec un col étroit. Chaque marchand possédait une médaille avec son nom gravé dessus. Au troisième coup de cloche, il fallait jeter la médaille dans le panier, après quoi c'était trop tard. L'officier de police s'emparait du panier, le secouait vivement puis passait sa main dans l'étroite ouverture et en tirait les médailles les unes après les autres. À chaque médaille tirée au hasard, il appelait le nom du commerçant qui figurait dessus. Celui-ci choisissait sa place et accrochait sa médaille au clou numéroté qui figurait sur le plan. S'il restait des places, les retardataires pouvaient bénéficier d'un second tirage. Pour participer à ceux du samedi et du dimanche, il fallait justifier de trois présences dans la semaine. Autre point du règlement: on n'avait pas le droit de se faire livrer de la marchandise pendant la tenue du marché, car

l'approvisionnement tardif était passible d'une amende. Installé dans sa guérite, l'officier de police ne quittait jamais les lieux.

En 1981, le Carreau du Temple fut classé monument historique. Il fut sauvé de la pioche des démolisseurs grâce à la pugnacité de tous ceux qui se sont battus pour lui. Depuis, sous l'impulsion de la Mairie, le bâtiment a été réhabilité par Jean-François Milou en 2014 pour devenir un équipement dédié au sport, à la culture et aux grands événements.

Rue du Temple. En 1904, le **Carreau du Temple** *accueillit la première Foire de Paris.*

Les marchands de fripes attendent l'heure d'ouverture du marché vers 1900.

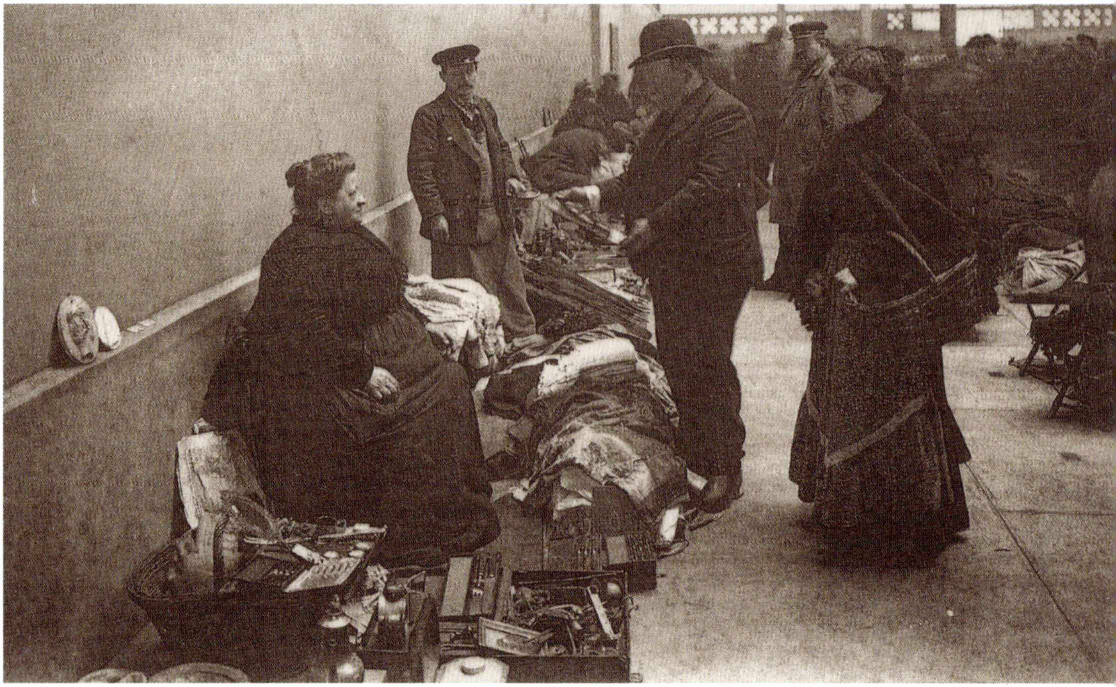

On vend son "capharnaüm"! vers 1900.

Marchande de chaussures, vers 1900.

Carte postale publicitaire vantant et situant ***le Carreau du Temple****. Ici, une marchande de chaussures.*

Madame Bloc était, vers 1900, marchande de couronnes funéraires au ***Carreau du Temple.***

Marchands de chapeaux en 1905:
melons, hauts de forme, canotiers.

Le Carreau du Temple *à l'angle de la rue Eugène-Spuller et de la rue Perrée, au printemps 1933.*

Approvisionnement de gabardines pour le marché du jour. 1934.

Le Carreau du Temple *en pleine effervescence! Ici, en 1934.*

Le 19 mai 1933, la presse s'inquiétait de l'état vétuste du Carreau du Temple et ironisait sut l'état de ses carreaux!

N'ayez pas peur, on s'arrangera! 1934.

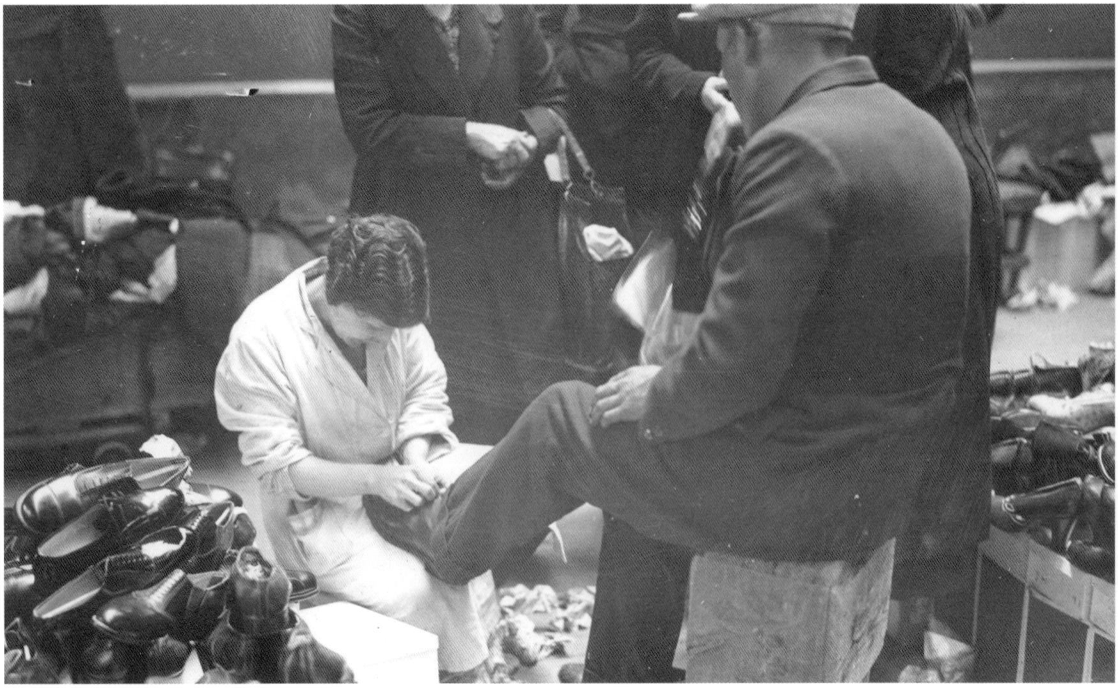

Elles vous vont comme un gant! 1934.

Petites fripières perpétuant la tradition de vente à même le sol. D'où le nom carreau. Photo vers 1934.

Sitôt essayé, sitôt vendu! 1934.

Marchande de fourrure au Carreau.

Juste votre taille, faites-moi confiance!
Un tombé exceptionnel! 1934.

Approvisionnement de fourrures confectionnées dans les ateliers familiaux du quartier : loutre, astrakan ou zibeline ?

ONZIÈME QUARTIER
ARCHIVES

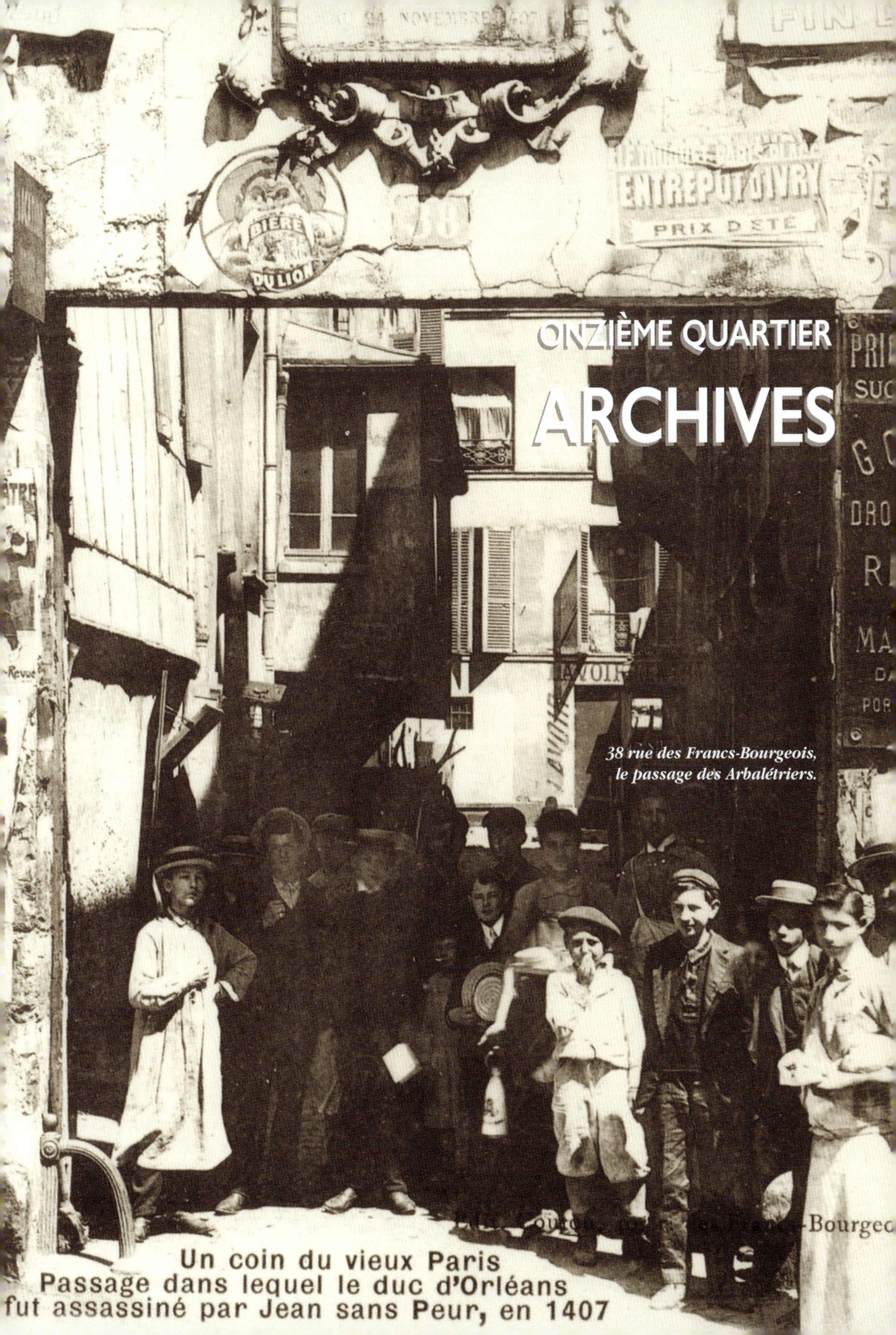

38 rue des Francs-Bourgeois, le passage des Arbalétriers.

Le quartier des Archives

Le quartier des Archives est le plus important de l'arrondissement du point de vue sa superficie, mais aussi par son prestige, car il compte de nombreuses demeures historiques, témoignages précieux du faste d'une société qui s'y est épanouie au Grand Siècle.

Situé au sud de l'arrondissement, il présente une forme rectangulaire dont le côté ouest part du croisement de la rue des Francs-Bourgeois et de la rue des Archives et mène à la hauteur de la rue Pastourelle. Sa frontière nord comprend la rue Pastourelle, la rue de Poitou et la rue du Pont-aux-Choux, jusqu'au boulevard Beaumarchais. Son grand côté oriental est composé par la section du boulevard Beaumarchais comprise entre la rue du Pont-aux-Choux et la rue du Pas-de-la-Mule. Enfin, sa frontière sud est formée par la rue du Pas-de-la-Mule, la galerie nord de la place des Vosges, la rue des Francs-Bourgeois, jusqu'à l'intersection de la rue des Archives.

C'est la partie du 3e arrondissement qui a été bâtie le plus tardivement, puisqu'elle résulte des lotissements des coutures (ou cultures) Sainte-Catherine et Saint-Gervais, ainsi que de la courtille Barbette au milieu du xvie siècle. Selon l'historien Sauval, le terme "courtille" provient du bas picard et signifie jardin.

La frontière sud du quartier suit le tracé de l'enceinte de Philippe Auguste (actuellement rue des Francs-Bourgeois). Au nord de l'enceinte, au XIIIe siècle, ce ne sont que des chemins sinueux. À cette époque, la rue des Francs-Bourgeois se développe à l'est de la poterne Barbette, premier lieu construit ; elle se prolonge à l'ouest dès le XIVe siècle et vers l'ouest à partir de 1545. Sous Henri II et Henri III, on édifie dans ce quartier les hôtels Carnavalet (1550), d'Albret de Savourny (1550), de Mortier de Soisy (1570) et d'Angoulême (1586).

Mais l'élite du royaume n'adopte le Marais qu'au début du XVIIe siècle, sous Henri IV et Louis XIII. C'est le bon roi Henri qui entreprend de faire construire sur l'emplacement du palais des Tournelles la place Royale (place des Vosges), qui ne sera achevée que sous Louis XIII. Le nouveau quartier suscite très vite un grand engouement : tout le monde veut y avoir son logis. Nombre d'hôtels aristocratiques bordent des rues nouvelles, tandis que les parterres de fleurs remplacent les choux et les carottes. C'est le quartier des carrosses et des chaises à porteurs, dont les deux artères principales sont la rue de Turenne, nommée alors rue Saint-Louis, et la rue des Francs-Bourgeois.

Sous le règne de Louis XV, le Marais commence à péricliter. L'aristocratie lui préfère la rive gauche et les hôtels du faubourg Saint-Germain. Le quartier devient alors plus populaire sa densité de population s'accroît fortement. Puis arrive la Révolution, qui va accélérer la "désintégration du Marais". La nationalisation des biens de l'Église et des "émigrés" entraîne la vente publique de nombreux hôtels particuliers, dont ceux de Soubise et de Rohan. Peu à peu s'installent l'Imprimerie nationale et d'autres industries peu sensibles à l'architecture de la Renaissance.

Au XIXe siècle, le quartier devient commerçant, industriel et artisanal. Les hôtels particuliers sont envahis, surpeuplés même, et font l'objet de très peu d'entretien : les plafonds de Mignard prennent l'eau ! On n'y donne plus de concerts ni de petits soupers, on n'y fomente plus de complots. Les factures se sont substituées aux cartes du Tendre, les voitures à bras et les diables ont remplacé les chaises à porteurs. Mais les portails à frontons, les cours à portiques, les façades à bossages et les fontaines à pilastres ne sont pas endormis dans un quartier désert. La vie continue, dense, trépidante, laborieuse. La résidence n'y est plus princière, les beaux esprits ne viennent plus comploter dans les salons à trumeaux : plus d'assassinat historique, plus d'alcôves à poètes. Ainsi les portes de l'Histoire se sont-elles refermées...

Les lourds battants des portails ne s'entrouvrent plus guère que sur les artisans, commerçants et autres locataires ayant élu domicile au sein des prestigieux hôtels. Place au peuple, à la convivialité, à la solidarité de quartier ! Place aux artisans, les meilleurs ouvriers de Paris : c'est le lieu où l'on peut trouver le plus d'outils en exercice, le plus de savoir-faire transmis de père en fils depuis Charles V. C'est pourquoi, malgré tous ses avatars, le Marais est toujours resté fidèle à son esprit. Même très populaire comme il le fut tout au long des XIXe et XXe siècles, même très délabré comme il le restera pendant la plus grande partie du siècle dernier, il conservera une éternelle distinction et son petit peuple une grande dignité.

En 1962, André Maraud le fait renaître de ses cendres. Cette année-là, le ministre des Affaires culturelles de de Gaulle fait adopter une loi visant à conserver non seulement les édifices remarquables, mais aussi leur environnement. Ce sont les "secteurs sauvegardés", susceptibles de s'étendre sur des quartiers entiers. Dans de tels secteurs, l'administration se réservera le contrôle de la construction et pourra en outre décider de la restauration de certaines zones.

Le Marais ainsi sauvegardé par la loi Maraud s'étend de la rue du Renard à la rue des Tournelles et, du nord au sud, de la rue Réaumur et de la rue de Bretagne à la Seine, couvrant ainsi une surface de 126 hectares. Au sein des 36,8 hectares du quartier des Archives, l'État possède l'hôtel de Soubise, l'hôtel de Rohan et l'hôtel de Vigny, 10, rue du Parc Royal. La Ville de Paris détient les hôtels Carnavalet (23, rue de Sévigné) et Saint-Fargeau (29, rue de Sévigné), l'hôtel Salé (5, rue de Thorigny), l'hôtel Liberal Bruant (1, rue de la Perle), l'hôtel Guénégaud (60, rue des Archives), l'hôtel Donon (8, rue Elzévir). Ces hôtels abritent des musées de renom, tels le musée Picasso, le musée de l'Histoire de Paris, le musée Cognacq-Jay (arts français du XVIIIe siècle), le musée de la Chasse et de la Nature. Le quartier ne comporte ainsi pas moins de six musées, sans parler de la présence séculaire des Archives nationales, auxquelles il doit son nom. Celles-ci occupent le majestueux palais Soubise depuis 1808. Mais le papier est gourmand d'espace, de sorte qu'on a dû y adjoindre de nouveaux bâtiments et, après le départ de l'Imprimerie nationale, y annexer l'hôtel de Rohan.

C'est donc ici que dort la mémoire de la France. Le quartier des Archives est un passeur de mémoire : il fait en permanence des clins d'œil au passé et des pieds de nez au futur, au temps qui passe et qui menace de tout faire disparaître. Le quartier des Archives est cher à nos cœurs car c'est un cas singulier : c'est un héros, un résistant qui combat le danger suprême qu'entraîne l'oubli. Paris, sans mémoire, s'effacerait… Et il n'y a pas d'avenir sans mémoire, comme il n'y a pas d'espoir sans mémoire !

Croisement de la ***rue des Archives et de la rue des Francs-Bourgeois****, en 1905. À l'arrière-plan, l'ancienne fontaine du Chaume qui date de 1636.*

La rue des Archives *à la hauteur de la rue des Haudriettes. Sur la gauche, à l'angle de la rue des Haudriettes, Au bon coin, enseigne de marchand de vin. Cette partie de la rue s'appelait, avant 1874, rue du Grand-Chantier.*

La rue Barbette, *ouverte en 1563, doit son nom à Étienne Barbette qui y possédait dès le* XIII*e siècle un hôtel dont la courtille était célèbre.*

***La rue Barbette**, très animée, vers 1905. Est-ce la sortie des ateliers?*

***La rue de Béarn** vue de la rue Saint-Gilles vers la place des Vosges. Cette rue percée en 1607 s'appela rue du Parc-Royal, puis de la Chaussée-des-Minimes et prit son nom actuel en 1867.*

La rue de Béarn, *vers 1905. Les enfants de la rue posent devant la caserne du n° 10. Le n° 12 est le seul vestige subsistant du couvent des Minimes fondé en 1611 par Marie de Médicis. Le chanteur Charles Aznavour habita au n° 2 dans son enfance.*

*Ce **boulevard** ouvert en 1670 s'appela boulevard Saint-Antoine jusqu'en 1831, année où il prit le nom de Pierre-Augustin Caron de **Beaumarchais** (1732-1799) qui y possédait une propriété.*

***Rue Charlot**, vers 1900, à la hauteur du **n° 6** et de l'église Saint-Jean Saint-François d'Assise. Cette partie de la rue, percée en 1625, s'appela jusqu'en 1851 rue d'Orléans.*

*La famille Bonvallet avait la joie de tenir le petit café-restaurant situé au **6 rue Charlot**, vers 1910.*

Façade de l'église Saint-Jean Saint-François d'Assise, ***6 rue Charlot,*** *vers 1900. C'est l'ancienne chapelle Saint-François des Capucins du Marais de 1622 à 1790. Le portail construit par Baltard date de 1855.*

Le procureur du roi Louis-Marie Debelleyme habita cet hôtel, situé ***8 rue Charlot****, les vingt dernières années de sa vie. En 1941, l'hôtel abritait une papeterie tenue par la famille Vallée et un petit restaurant, Chez Jean, qui proposait son Beaujolais, son Anjou et son Piccolo. (Fonds Pavillon de l'Arsenal)*

L'hôtel de Brévannes, ***7 rue Charlot,*** *fut construit vers 1615. Le livreur de tapis de la maison Papin fait la causette au petit commis de la maison Ghelü, fabricant de meubles et pierres à aiguiser.*

***La rue Elzévir** depuis la rue des Francs-Bourgeois, vers 1900.*

***La rue Elzévir** depuis la rue du Parc-Royal, vers 1905. Percée dès 1550, cette voie s'appela rue Diane, puis rue des Trois-Pavillons jusqu'en 1867 où elle prit le nom de la célèbre et nombreuse famille d'imprimeurs hollandais du XVIe siècle.*

Le début de la ***rue des Francs-Bourgeois****, peu après la place des Vosges et la rue de Turenne. Ce nom fait référence à la "Maison des Francs-Bourgeois", une maison d'aumône ouverte par un bienfaiteur en 1334 où logeaient des bourgeois pauvres de Paris.*

La rue des Francs-Bourgeois *à la hauteur du numéro 50. La carte postale servit au début du siècle de publicité pour un "rendez-vous des bijoutiers", au n° 50 de la rue.*

La rue des Francs-Bourgeois *à la hauteur de la rue Vieille-du-Temple. On peut admirer la très jolie tourelle de l'hôtel Hérouët construite en 1528 et miraculeusement conservée après bien des avatars.*

La rue des Francs-Bourgeois *vers la place des Vosges au début du siècle dernier. Seule la façade nord de la place appartient au 3e arrondissement.*

***La rue des Francs-Bourgeois** à la hauteur de la rue Vieille-du-Temple vers la rue Rambuteau. Dans la nuit du 26 au 27 août 1944, une bombe, tombée au 67 rue Vieille-du-Temple, endommagea l'hôtel Hérouët (à droite) et entraîna la disparition de plusieurs immeubles.*

*L'hôtel de Breteuil, **56 rue des Francs-Bourgeois**. La concierge semble fière de son balcon et de ses belles consoles.*

La façade de l'hôtel d'Alméras, bâti en 1612, au ***30 rue des Francs-Bourgeois****. Au début du siècle dernier s'y tenait le marchand de vin Bourlier.*

La rue du Parc-Royal *en 1905. Percée, en 1565 elle s'appela rue du Parc-au-Roi car elle conduisait à la maison royale des Tournelles. Durant la Révolution, elle se nomma rue du Parc-National.*

***La rue du Parc-Royal**, en 1939. Un vrai havre de paix… (Fonds Pavillon de l'Arsenal)*

*La cour de l'hôtel Berruyer (1620), **rue du Parc-Royal**, au début du siècle dernier. Les artisans ont remplacé la noblesse là où tournaient les carrosses.*

Entrée de l'hôtel de Bonneval,
***16, rue du Parc-Royal,** vers 1900.*
Cet hôtel construit en 1780 possède
de magnifiques bornes.

***La rue du Parc-Royal** depuis la rue de Turenne. Sur la gauche, l'emplacement de l'actuel square Louis-Achille. (Photo Atget © Roger-Viollet)*

*La rue du **Pas-de-la-Mule** vue du boulevard Beaumarchais, vers 1900. L'origine du nom de cette rue reste inconnue ; elle vient peut-être d'un montoir, sorte de borne qui permettait de se hisser plus facilement sur sa monture. Ouverte en 1604, la rue s'appela rue des Vosges de 1823 à 1893.*

Salon de coiffure de la maison Achard,
***25 rue Pastourelle**, au début du siècle dernier.*

*Fondée en 1796, cette coutellerie-orfèvrerie du **31 rue Pastourelle** est très représentative de la vie artisanale du quartier à cette époque.*

*Ambiance bon enfant au **21 rue Pastourelle,** à l'angle de la rue de Saintonge, vers 1900.*

La rue Payenne *à la hauteur du n° 15, vers la rue des Francs-Bourgeois. Elle doit son nom au notaire Guillaume Payen, chargé du lotissement de la couture Sainte-Catherine.*

La rue du Perche, *vers 1905. Percée en 1608 comme plusieurs rues du quartier, cette charmante rue porte le nom d'une province de France.*

Monsieur et Madame Muller, patrons d'un petit café au ***4 rue du Perche****, trinquent, en 1908, avec leurs clients sous les yeux de leur progéniture (coll. Robert).*

La rue de la Perle *vue de la rue Vieille-du-Temple, vers 1900. Percée vers 1656, elle doit son nom à un jeu de paume.*

***La rue de la Perle** vue de la rue Vieille-du-Temple, vers 1900. Le côté pair (à gauche) de cette rue a été détruit dans les années 1930!*

*Maison du **22 rue de la Perle** datant de 1645 et démolie en 1908.*

La rue du Pont-aux-Choux vue du boulevard Beaumarchais, vers 1900. Cette rue du XVIe siècle doit son nom à un pont qui permettait de traverser le "grand égout" de la ville. Le célèbre bandit Cartouche serait né dans cette rue en 1693.

*Les livreurs de la maison Koch, emballeur-expéditeur, **17 rue du Pont-aux-Choux**, en 1905.*

La rue des Quatre-Fils *depuis la rue Vieille-du-Temple, vers 1900. Ouverte à la fin du XIIIe siècle par les templiers, elle doit son nom actuel à une enseigne représentant les quatre fils Aymon, héros d'une légende populaire sur leur cheval Bayard.*

La rue Saint-Claude *vue du boulevard Beaumarchais, vers 1900. Percée en 1640 sur l'emplacement du Clos Margot, cette rue s'est appelée rue Saint-Claude-au-Marais jusqu'en 1881.*

La rue Saint-Gilles *vue de la rue de Turenne, vers 1905. Ouverte en 1640, à l'emplacement de l'hôtel des Tournelles. Une statue du saint qui se trouvait dans le parc de l'hôtel est l'origine de son nom.*

Maison Chateau, marchand de fruits et primeurs sise ***8 rue Saint-Gilles,*** *vers 1900.*

La rue de Saintonge *au début du siècle dernier. Percée en 1626, cette partie de la rue s'est appelée rue de Touraine et a pris son nom actuel en 1851.*

Avant 1908, date de sa démolition, l'entrée de l'hôtel Delisle situé au ***52 rue de Sévigné.*** *Seule la façade de l'hôtel, datant de 1670, a été en partie préservée. Autrefois, l'usine de distribution de la Compagnie parisienne d'air comprimé y était installée.*

***La rue de Sévigné**, vers 1905, à la hauteur de la rue du Parc-Royal. Percée en 1544, elle prit le nom de Couture-Sainte-Catherine puis, en 1867, celui de la marquise de Sévigné qui habitat l'hôtel Carnavalet de 1677 à 1696.*

*Depuis 1880, année où il ouvrit ses portes au public, le musée Carnavalet accueille toujours les amoureux du vieux Paris dans son bel hôtel particulier du **23 rue de Sévigné**.*

Entrée de la ***ruelle Sourdis*** *au niveau de la rue Pastourelle, vue depuis la rue de Beauce, vers 1905. Ouverte en 1626, la ruelle porte le nom d'un propriétaire.*

La rue de Thorigny*, vers 1910 à la hauteur de la rue des Coutures-Saint-Gervais vers la rue de la Perle.*

La façade de l'hôtel de l'Isle, au ***10 rue de Thorigny****, date de 1676. Y était installé vers 1900 le droguiste Gamard & Lemoine.*

Café de la place des Vosges ***29 rue de Turenne****, à l'angle de la rue des Francs-Bourgeois, vers 1905.*

La rue de Turenne, *vers 1900, à la hauteur du n° 35. Notons, au 37, la jolie enseigne de la maison Bouillet layettier.*

La crémerie Paillet située au **24 rue de Turenne**, *vers 1910. Toutes les générations prennent la pose.*

Les ouvriers, souvent très jeunes à l'époque, posent devant l'immeuble où ils travaillent, au ***38 rue de Turenne****. Nous y trouvions au début du siècle dernier un imprimeur, un joaillier, un fabricant de plumes métalliques, un ciseleur sur métaux et un fabricant de bronzes d'éclairage.*

La rue de Turenne *à la hauteur de la rue du Parc-Royal vers la rue des Francs-Bourgeois. Les badauds font une double haie d'honneur au photographe.*

*Au niveau du **41 rue de Turenne** se dresse toujours la fontaine éponyme, due à Boitel. Elle remplace depuis 1864 la fontaine Joyeuse, édifiée en 1687 et baptisée ainsi en hommage au marquis de Joyeuse qui acheta en 1750 l'hôtel mitoyen aujourd'hui disparu.*

*Petit bureau de tabac et marchand de vin tenu par la famille Bierre au **47 rue de Turenne**, vers 1905.*

École communale de garçons, ***54 rue de Turenne,*** *vers 1910. C'est en 1895 que l'école s'est installée dans l'hôtel de Gourgues construit vers 1640.*

Boucherie Dehors, ***67 rue de Turenne,*** *en 1905. Elle porte bien son nom !*

La façade de l'église Saint-Denis du Saint Sacrement située au ***70 rue de Turenne****. Elle a été construite entre 1826 et 1835 par l'architecte Godde à qui l'on doit aussi sa sœur presque jumelle du 2e arrondissement : Notre-Dame de Bonne Nouvelle.*

Bar des Allobroges au ***71 rue de Turenne,*** *vers 1930. Le patron devait être savoyard.*

***La rue Villehardouin** depuis la rue de Turenne, vers 1900. Cette rue percée en 1640 s'appela rue Neuve-des-Minimes puis reçut, en 1865, le nom du chroniqueur du Moyen Âge prénommé Geoffroi (1148-1213).*

*Maison Papouin **1 rue Villehardouin**, à l'angle de la rue Saint-Gilles, vers 1910. La petite fille est entre de bonnes mains !*

La rue Vieille-du-Temple *à la hauteur de la rue des Francs-Bourgeois, vers 1905. La très jolie tourelle construite en 1528 par Jean de La Balue a été restaurée dans les années 1970.*

La rue Vieille-du-Temple *depuis la rue des Francs-Bourgeois, vers 1905. L'une des plus anciennes rues de la rive droite dont l'origine remonterait au XIIe siècle. Elle s'appelait vieille rue du Temple avant de prendre son nom actuel.*

Ambiance bon enfant devant la petite épicerie du ***60 rue Vieille-du-Temple*** *tenue par la famille Viez, en 1942. (Don Famille Drat)*

Charcuterie Lampe, sise au ***101 rue Vieille-du-Temple****, vers 1905. Les employés posent sur le trottoir, les patrons sont accoudés au rebord d'une fenêtre.*

La rue Vieille-du-Temple *à la hauteur de la rue des Quatre-Fils, vers 1910.*

La rue Vieille-du-Temple *vers la rue des Francs-Bourgeois, en 1900. Vue prise à la hauteur du n° 87. L'hôtel de Rohan abrita l'Imprimerie nationale jusqu'en 1910.*

À la veille de la Grande Guerre, *le petit salon de coiffure du 56 rue Vieille-du-Temple semble bien calme. (Fonds Pavillon de l'Arsenal).*

La rue Vieille-du-Temple *vue depuis la rue des Francs-Bourgeois, en 1939. (Fonds Pavillon de l'Arsenal)*

DOUZIÈME QUARTIER

SAINTE-AVOYE

Le passage Molière, en 1900.
(Kharbine-Tapabor/coll. S. Kakou)

Le quartier Sainte-Avoye

Situé au sud-ouest de l'arrondissement, le quartier Sainte-Avoye en est le plus petit puisque sur les 117 hectares que compte le 3e, il n'en représente que 21, soit le sixième de la surface. Sa frontière ouest est bordée par la partie du boulevard de Sébastopol comprise entre la rue Rambuteau et la rue de Turbigo. Sa frontière nord part du croisement du boulevard et de la rue de Turbigo, longe la rue des Gravilliers puis une partie de la rue Pastourelle jusqu'à la rue des Archives. Son côté oriental est formé par la portion de la rue des Archives comprise entre la rue Pastourelle et la rue Rambuteau. Quant à sa frontière sud, elle coïncide avec le côté pair de la rue Rambuteau, entre la rue des Archives et le boulevard de Sébastopol.

Le quartier porte le nom d'un couvent fondé à la fin du XIIIe siècle et qui subsista jusqu'à la Révolution. Le percement de la rue Rambuteau en 1838 en fit tomber les derniers bâtiments qui s'élevaient à l'angle de la rue du Temple. Ce quartier fut très vite urbanisé car il est traversé par la plus ancienne voie de la rive droite, la rue Saint-Martin. Dès le Moyen Âge se forme le bourg Saint-Martin, établi sur des terres dépendant de la seigneurie de Saint-Martin des Champs. Dès le XIIe siècle, à l'ouest, le hameau Bourg-l'Abbé voyait le jour, hors de l'enceinte de Philippe Auguste. À la même époque se forme le village de Beau-bourg compris entre les rues Saint-Merri, du Grenier-Saint-Lazare, Saint-Martin et du Temple. Selon l'historien Jacques Hillairet, le nom de "Beau-bourg" était une allusion ironique à ses habitants peu recommandables. Selon d'autres sources, toujours au Moyen âge, il y aurait eu deux bourgs : Abbé à l'ouest et Beau à l'est.

De nos jours, la physionomie du quartier diffère sensiblement entre les parties est et ouest. Son secteur oriental, à l'aspect très "Marais", ressemble au quartier voisin des Archives et rassemble quelques-uns des plus beaux hôtels du Marais. Son secteur occidental en revanche, malgré les multiples transformations pas toujours très heureuses qu'il a subies, reste imperturbablement plus populaire ! Même le percement du boulevard de Sébastopol n'a pas réussi à couper le cordon ombilical avec les Halles voisines et les deux parties du quartier ont un point commun : elles sont imprégnées d'Histoire.

Le quartier Sainte-Avoye est peuplé de fantômes. Ceux de Nicolas Flamel et de sa femme Pernelle, qui nous ont laissé le témoignage de leur générosité dans ce qui est considéré comme la plus vieille maison de Paris, celle dite "du grand pignon" au 51 rue de Montmorency : tous deux y accueillaient les plus démunis pour les réconforter. Celui du soldat suisse qui commit un sacrilège, en 1417, rue aux Ours, en frappant la statuette de la Vierge de plusieurs coups

d'épée, ce qui la fit abondamment saigner! Le fantôme de Molière, qui fit la lecture de son Tartuffe dans les salons de l'hôtel Montmor au 79 rue du Temple, dont Descartes et la marquise de Sévigné furent aussi les hôtes. Celui du poète Théophile de Viau qui mourut en l'hôtel de Montmorency en 1636. Celui du poète Gérard de Nerval qui habita rue Saint-Martin. Celui de Mme de Staël, qui naquit rue Michel-le-Comte. Les fantômes du banquier Law et du bossu de la rue Quincampoix, cher à Paul Féval, qui louait sa bosse pour servir d'écritoire.
Le quartier reste aussi imprégné par les drames révolutionnaires qui s'y déroulèrent sous Louis-Philippe. L'écho des cris de bravoure désespérés des insurgés de la barricade tragique du 6 juin 1832 de la rue Saint-Martin, qui ensanglanta le quartier et où Victor Hugo fit périr notre cher Gavroche. L'écho des cris d'horreur et des hurlements des victimes de la boucherie du 12 rue Transnonin (rue Beaubourg) lors d'un sombre dimanche d'avril 1834 qu'Honoré Daumier immortalisa. Avant sa réhabilitation et la construction du quartier de l'Horloge et de son voisin le centre Pompidou, le quartier Saint-Avoye "suintait le vague à l'âme".
Ses rues encaissées constituaient une sorte de dépendance des Halles, une véritable cour des miracles qui accueillait les laissés-pour-compte du grand marché alimentaire. C'était le lieu des mûrisseries de bananes, des resserres de crainquebilles des marchandes de quatre saisons, des loueurs de diables. Le quartier était fréquenté par le menu fretin, les marginaux de Baltard. Tous les vieux Parisiens qui aimaient errer dans ce quartier au gré des trottoirs se souviennent de la rue Quincampoix, la "Quincamp", et de ses filles dévergondées. Celui qui n'a pas eu la chance de parcourir la rue Brantôme, au moins une fois dans sa vie, ne sait pas vraiment à quoi pouvait ressembler le vieux Paris. La rue Brantôme, restée miraculeusement intacte depuis Henri IV, et sa rigole qui coulait au milieu de la chaussée. La rue Brantôme et ses portails en bois clouté, ses cours antiques où pouvait apparaître, comme au fond de la maison du n° 7, un étonnant escalier en tourelle à claire-voie. Quant à la rue du Maure, c'était le royaume des "biffins", des clochards et des ivrognes "aux pieds mous", comme les a si bien décrits le poète et dramaturge Audiberti.
Et les enfants dans tout cela? C'étaient les plus émouvants. Ces enfants, au teint blême, qu'on appelait galopins, gamins, mioches, moutards, gosses, marmots, selon l'âge ou l'époque, étaient les descendants directs de Gavroche. À leur air effronté, on comprenait qu'ils avaient grandi plus vite qu'ils n'auraient dû. Peut-être peut-on en dire autant de notre cher quartier? Non! il a rajeuni trop rapidement!

Façade de l'hôtel des Pères de la Merci, ***45 rue des Archives****, vers 1905. Y étaient installés à l'époque un orfèvre, un maroquinier, un fabricant de casquettes, la maison Fankel, un gainier et un café !*

La rue Beaubourg *en 1907 avant son élargissement en 1911.*
(Photo Atget © Roger-Viollet)

*Rue Beaubourg. Vue prise à la hauteur du n° **37 vers la rue du Grenier-Saint-Lazare,** vers 1905.*

*Au **31 rue Beaubourg**, vers 1910, à l'angle de la rue Brantôme, le personnel de la maison Depierre, horloger spécialiste de pièces de remontoirs. L'immeuble a disparu ainsi que tout le pâté de maisons pour la construction du quartier de... l'Horloge!*

La rue Beaubourg *à la hauteur de la rue Rambuteau vers la rue du Grenier-Saint-Lazare. Les vieilles maisons du* XVIe *et du* XVIIe *siècle sur la gauche ont disparu pour laisser place au nouveau quartier de l'Horloge.*

La rue Beaubourg *possédait, au début du siècle dernier, une petite coopérative, l'Union des Menuisiers, tenue par la maison Bricaud et Duruble.*

La clientèle du café Aux Barreaux, ancien marchand de vin, pose devant le ***79 rue Beaubourg****, à l'angle de la rue Chapon, vers 1930.*

Teinturerie Sébastopol ***12 rue du Bourg-L'Abbé****, vers 1910. À droite, l'entrée de l'école communale laïque de garçons.*

La rue Brantôme *commençait 31 rue Beaubourg et finissait 164 rue Saint-Martin. Elle s'est appelée jusqu'en 1864 rue des Petits-Champs-Saint-Martin pour prendre ensuite le nom du célèbre chroniqueur (1540-1614). (Fonds Pavillon de l'Arsenal)*

Avant 1348, la **rue de Braque** *avait pour nom rue des Boucheries-du-Temple, les chevaliers du Temple y possèdant des étaux. Elle doit son nom actuel à Germain de Braque, échevin sous Charles VII.*

L'hôtel Le Lièvre construit en 1673 et situé aux ***4 et 6 rue de Braque****, en 1941.*
(Fonds Pavillon de l'Arsenal)

La rue Chapon*, vers 1905, à la hauteur du n° 22, vers la rue du Temple. Au* XIIIe *siècle elle s'appelait rue Capon, terme qui désignait un membre de la communauté juive. La partie située entre la rue Saint-Martin et la rue Beaubourg s'est appelée, jusqu'en 1851, rue du Cimetière-Saint-Nicolas.*

*L'ancien couvent des Carmélites était situé au **13 rue Chapon** (ici en 1941). On peut encore en voir les vestiges. (Fonds Pavillon de l'Arsenal)*

*La concierge du **15 rue Chapon** balaie devant sa porte sous le regard du personnel de la maison Joinneau, fabricant de cuirs vernis.*

L'impasse de Clairvaux, *vers 1900.*
Située au n° 180 de la rue Saint-Martin, elle datait du XIVe siècle et s'appelait ruelle de la Petite-Troussevache. Elle prit son nom au XVe siècle et fut rasée en 1980 lors de la construction du quartier de l'Horloge.

Démolitions du côté pair de la ***rue du Grenier-Saint-Lazar****e, en mai 1941.*

La rue du Grenier-Saint-Lazare *vue de la rue Saint-Martin, en 1939. Elle porte le nom déformé de la famille Guernier de Saint Ladre qui y résidait au XIIIe siècle. (Fonds Pavillon de l'Arsenal).*

La rue des Haudriettes *en direction de la rue des Archives, où elle commence. Cette rue percée vers 1300 porte depuis 1881 le nom qu'elle portait déjà au Moyen Âge. Il évoque la propriété que possédait dans la rue des religieuses Haudriettes. Entre-temps, elle s'est appelée rue de l'Échelle-du-Temple et de la Fontaine-Neuve.*

*Lentrée de la rue du Maure, au **168 rue Saint-Martin**. Cette rue rasée lors de la construction du quartier de l'Horloge et qui aboutissait au 33 rue Beaubourg datait du* XIV*e* *siècle et était réputée mal famée.. (Fonds Pavillon de l'Arsenal)*

La concierge des ***4 et 6 rue des Haudriettes****, entourée de ses joyeux locataires, vers 1905.*

La rue du Maure*, en 1939. Elle s'appela rue Jean-Palée en 1313, rue du More, en 1606, puis cour des Anglais en 1640. (Fonds Pavillon de l'Arsenal)*

On retrouve rue Michel-le-Comte l'ambiance populaire et festive des Halles toutes proches.
Devant la fruiterie ***Vertbois au 13 de la rue*** *on aperçoit plusieurs porteurs.*

Paris Saint-Claude ***34 rue Michel-le-Comte****, le salut des fumeurs, vers 1930. La rue doit son nom à un riverain qui y vivait au XIVe siècle. L'expression populaire "ça fait la rue Michel" reste attachée à son souvenir. De 1793 à 1806 elle s'est appelée rue Michel-Lepeletier.*

***Le passage Molière**, en 1907. Percé en 1791, il permettait de relier la rue Saint-Martin au théâtre Molière qui venait d'ouvrir ses portes rue Quincampoix. (Photo Atget © Roger-Viollet)*

***La rue de Montmorency**, qui s'appela durant la Révolution rue de la Réunion, doit son nom actuel à une famille possédant un hôtel au n° 5. Vue prise à la hauteur du n° 51.*

***Au 51 rue de Montmorency**, la maison dite du Grand-Pignon, la plus vieille maison de Paris, date de 1407. Nicolas Flamel y hébergeait les pauvres gens.*

*Toujours au **51 rue de Montmorency**, avant la restauration de sa façade, en 1909. La maison était en fait l'hôtel Helvetia, tenu par Monsieur Pouget Charbonner.*

51 rue de Montmorency, *taverne Nicolas Flamel. Intérieur de la maison du Grand Pignon, vers 1910.*

École primaire communale de jeunes filles
8 rue de Montmorency.

Vestiges de l'hôtel de Montmorency ***5 rue de Montmorency,*** *en 1907 (vue prise en direction de la rue du Temple). Cette portion de la rue qui allait jusqu'à la rue Beaubourg s'appelait, avant 1770, rue Courtauvillain. (Photo Atget © Roger-Viollet)*

Maison Roux, fabricant d'escaliers au ***35 rue de Montmorency****, ici en 1907. Cette partie de la rue de Montmorency disparut en 1911 lors de l'élargissement de la rue Beaubourg. (Photo Atget © Roger-Viollet)*

Petite papeterie tenue par la famille Tribout, vers 1920 située ***13 rue aux Ours.*** *La rue doit son nom aux rôtisseries d'oies qui s'y trouvaient. En effet, le mot "oues" (oie en vieux français) s'est transformé, au fil du temps, en "ours".*

La rue Quincampoix, *en janvier 1942.*
(Fonds Pavillon de l'Arsenal)

Les filles de la ***rue Quincampoix***
et leur look très "Sébasto" en 1939.

Ambiance bon enfant ***rue Quincampoix,*** *en 1939, au temps où la rue était encore un lieu de vie et un spectacle permanent. (Fonds Pavillon de l'Arsenal)*

Devant le bar du ***13 de la rue Quincampoix****,*
vers 1910.

La rue Rambuteau *à la hauteur de la rue Pecquay dont on aperçoit l'entrée sur la gauche, du côté du 4e arrondissement. Photo vers 1905.*

Les livreurs du fabricant de meubles Au Lit d'Or ***60 rue Rambuteau****, vers 1905. Quelle patience de la part des manutentionnaires pour la pose photographique!*

La prestigieuse charcuterie du Marais, maison Dusautoy et Collet, et son valeureux personnel, était située au ***18 de la rue Rambuteau****. Photo vers 1910.*

La rue Rambuteau à la hauteur du n° 44 *vers la rue Beaubourg. La partie à droite de la rue a été abattue lors de la construction du centre culturel Georges Pompidou.*

C'est non sans une certaine fierté que le personnel, et certainement la direction, de la vénérable épicerie Poivre, posent devant la boutique qui était située au ***64 rue Rambuteau****, vers 1905.*

Les légendaires marchandes de quatre-saisons de la ***rue Rambuteau*** *donnaient une ambiance singulière au quartier. Photo vers 1930.*

La rue Rambuteau à la hauteur du ***60 rue Saint-Martin*** *vers le boulevard de Sébastopol en 1900.*

La rue Saint-Martin *à la hauteur de la rue Rambuteau, vers 1900. La rue doit son nom à l'ancien prieuré de Saint-Martin des Champs (actuel Conservatoire national des arts et métiers), vers lequel elle menait.*

La rue Saint-Martin *depuis la rue de Turbigo au début du siècle dernier. Tous ces Parisiens semblent perdus au milieu des ces immenses carrefours haussmanniens.*

Les ouvriers du quartier posent devant le ***178 de la rue Saint-Martin*** *dans la bonne humeur. Photo vers 1910.*

Personnel de la bonneterie Simons, ***161 rue Saint-Martin****, l'une des nombreuses du quartier dans les années 1930.*

Les riverains se sont rassemblés devant la pâtisserie du ***157 rue Saint-Martin****, en 1905. On aperçoit à droite l'entrée du passage Molière.*

À la Tartelette, ***248 rue Saint-Martin,*** *on pouvait profiter du spectacle de la rue.*

Un clochard ***rue Saint-Martin****, en 1939, comme il y en avait beaucoup aux abords du plateau Beaubourg. (Fonds Pavillon de l'Arsenal)*

Petit marchand de fleurs ambulant avec son crainquebille devant le café Dupont, ***58 boulevard de Sébastopol,*** *à l'angle de la rue aux Ours, vers 1905.*

Boulevard de Sébastopol, *vers 1900. Le tramway y circulait à double sens.*

Les livreurs à cheval des Halles devant le ***42 boulevard de Sébastopol,*** *vers 1905.*

Ce commerce situé vers 1910 au ***107 rue du Temple*** *se présente, fait rare, comme une "Crémerie-Restaurant".*

Les vidangeurs en plein exercice pour le bonheur des habitants du ***106 de la rue du Temple****. On aperçoit l'entrée de l'impasse Sainte-Avoye.*

Dans la cour du ***94 rue du Temple*** *se tenait la Maison Rigotard, l'un des 20 escargotiers – éleveurs d'escargots –, de la capitale au début du siècle dernier.*

Il règne une ambiance familiale devant le Café Guillebastre, ***98 rue du Temple.***

***114 rue du Temple**, vers 1905, à la hauteur de la rue Chapon vers la rue de Bretagne. Le commissariat a disparu, la foule sur la chaussée aussi.*

*Le personnel de la maison Vautrin pose devant la boutique du **102 rue du Temple,** vers 1920. On y fabrique et on y vend des articles de Paris, proposés en gros et demi-gros, aux forains (coll. Robert).*

Le petit peuple de la ***rue du Temple****, vers 1910, certainement un dimanche matin.*

Qui se souvient que la petite boulangerie du ***77 rue du Temple****, tenue, en 1939, par la famille Salanon?*
(Fonds Pavillon de l'Arsenal)

*Vue de la **rue de Turbigo** prise au niveau de l'horlogerie Nitzel qui était située, au début du siècle dernier, **au n° 32** de la rue.*

*Animation devant l'immeuble du **36 rue de Turbigo.***

INDEX DES NOMS DE RUE

Remerciements

Cet ouvrage doit beaucoup à celles et à ceux, agissant en leur nom personnel ou au titre d'une institution, qui nous ont généreusement apporté leur aide. Que toutes et tous veuillent bien trouver ici l'expression de notre gratitude.

- La Direction de l'Action Culturelle de la Ville de Paris pour son soutien
- Le personnel du service photographique de la Bibliothèque Historique de la Ville de Paris
- Le personnel du service de documentation du Pavillon de l'Arsenal
- Le personnel de l'agence Keystone
- Jean-Claude Jallot et le personnel de l'imprimerie Vincent de Tours pour leur aide et leur fidélité
- Serge Celati pour son éternel soutien
- Lionel Mouraux pour son aide et ses conseils judicieux
- Jérôme Miroux pour le traitement des images
- Louis Goldbach, Jean-Michel et Marie-France Maïly pour leur collaboration technique
- Jack Drat, grand spécialiste du Marais, pour ses conseils et ses précieux documents
- Philippe Fages, collectionneur du Marais, pour sa collaboration
- Monsieur Robert, collectionneur du vieux Paris, pour ses précieux documents
- Témoignage d'Images, négociant en cartes postales du passage des Panoramas
- Toutes les familles qui nous ont confié leurs photographies
- Le conseil d'administration de la Photothèque des Jeunes Parisiens

Maquette : Pedro Miguel Gomes de Castro et Julie Hiet
Conception et iconographie : Photothèque des Jeunes Parisiens
Suivi éditorial : Mathilde Kressmann
© Parigramme / Compagnie Parisienne du Livre
Dépôt légal : février 2015 pour la présente édition
ISBN : 978-2-84096-920-4

Achevé d'imprimer en UE en juin 2016